JN281284

デイトレード

マーケットで勝ち続けるための発想術

Tools and Tactics for the Master Day Trader

オリバー・ベレス
グレッグ・カプラ [著]

林 康史 [監訳]
藤野隆太 [訳]

日経BP社

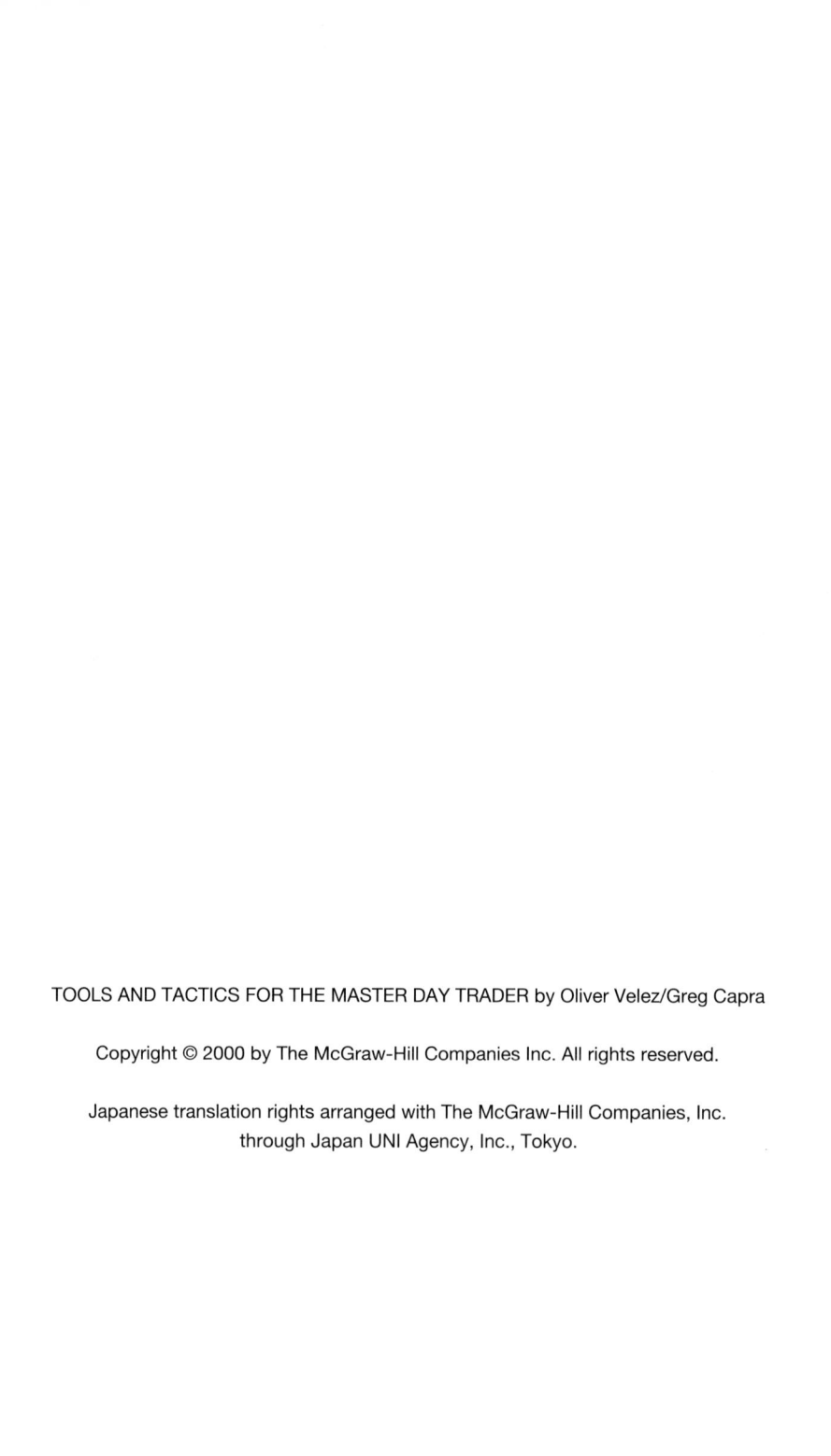

TOOLS AND TACTICS FOR THE MASTER DAY TRADER by Oliver Velez/Greg Capra

Copyright © 2000 by The McGraw-Hill Companies Inc. All rights reserved.

Japanese translation rights arranged with The McGraw-Hill Companies, Inc. through Japan UNI Agency, Inc., Tokyo.

【目次】

まえがき ……………………………………………………………… 8

序章 …………………………………………………………………… 15

この革命がもたらすものは何か ………………………………… 16
「正しいトレーディング」とは何か ……………………………… 17
本書で何を学ぶのか ……………………………………………… 19
銘柄選択の手法とは ……………………………………………… 19
成功に向けた心の準備 …………………………………………… 20

第1章
トレーディングの勝者への誘い
熟練したトレーダーの世界を理解する ……………………… 21

コストがいかに高いか、わかっているか ……………………… 22
熟練したトレーダーはわずかな道具しか必要としない ……… 24
今、この場所で成功を追求する ………………………………… 25
熟練したトレーダーは、なぜチャートで取引するのか ……… 28
チャートは嘘をつかない ………………………………………… 30
マネーの足跡をたどる …………………………………………… 32
テクニカル分析を知るか、死ぬか ……………………………… 34
錆びたナイフだけで銃撃戦に参加してはならない …………… 37
まず知識を求めよ、利益はその次である ……………………… 41
短期の時間軸――トレーディングの正確性を高める鍵 ……… 43
なぜ短期の時間軸が最も安全なのか …………………………… 45

3つの発見 …………………………………………………… 48
　愛——トレーダーの力の源泉 ………………………………… 53
　トレーダーと占い師 ………………………………………… 56

第2章
優れたトレーダーへの精神修行
トレーディング行動を修正する鍵 …………………… 59

　ギャンブルかトレーディングか ……………………………… 60
　勝ちは常に勝ちではないし、負けは常に負けではない ……… 63
　大衆は長期にわたって勝ち続けることはできない …………… 65
　バンドワゴン効果——マーケットの仕組みを垣間見る ……… 67
　お金がすべてではない ……………………………………… 70
　疑問を持つことの危険性 …………………………………… 72
　正確さが弱点となる場合 …………………………………… 75
　ポジションのとり方でトレーディングの8割は決まる ……… 77
　認知が現実となる …………………………………………… 79
　事実は利益にならない ……………………………………… 82
　ウォール街では、事実は問題ではない ……………………… 84
　取引で成功するためには人間性を捨てなければならない …… 86
　大多数が恐れをなして踏み込まないところに
　　チャンスが潜んでいる …………………………………… 89
　空に雲ひとつない場合は警戒せよ …………………………… 91
　トレーダーの成功を測る真の尺度 …………………………… 92
　何もしないことがベストの選択である場合 ………………… 94
　小休止すること——最も重要な行動 ………………………… 96
　不作為の教訓 ………………………………………………… 97

考え方ではなく、取引の仕方を教えてくれ！	99
今、手元にあるもので何ができるか	102
自分の過去を好きになれるか	105
苦痛と快感のサイクルを打破すること	108
健全なテクニックは健全なセンスを育てる	111
適度なパラノイアは精神衛生上好ましい	113
株式ではなく、人を取引する	115
前向きな考え方が違いを生む	117
前向きな態度でトレーディングすること	120
毎日考えるべきこと	122

第3章
「逆境」と「損失」
トレーディングで成功するための必要条件 ……… 125

逆境という力	126
損失を利用する方法	128
少額の損失──熟練したトレーダーの証	130
どのようにマーケットは語りかけてくるか	132
成功するための負け方	134
毎日を新しい気分で迎えること	136
変えられないものを受け入れることを学ぶ	138
負けが勝ちになり得る	140
大負けを軽蔑することを学ぶ	142
熟練したトレーダーの2つの人生	144
成長は時間の経過によって花開く	146
負けることに耐えられなくなる時	148
授業料を最大限活かすために	150

第4章
真の勝者を目指すトレーニング
失ったマネーと時間を取り戻すために ……………… 151

- 真似るべき勝者を見つけ、そして超えること ……………… 152
- 指導者の人間性が問題である ……………… 154
- 自分の将来への投資をケチってはならない ……………… 156
- 今日、取引ができ、教えることができる者 ……………… 160

第5章
トレーディングにおける7つの大罪
いかに戦い、打ち勝つか ……………… 163

- 第1の大罪──すぐに損切りできないこと ……………… 164
- 損切りができない罪をいかに排除するか ……………… 166
- 第2の大罪──利益を勘定すること ……………… 168
- 利益を勘定する罪をいかに排除するか ……………… 170
- 第3の大罪──時間軸を変更すること ……………… 172
- 時間軸を変更する罪をいかに排除するか ……………… 174
- 第4の大罪──より多くを知ろうとすること ……………… 176
- より多くを知ろうとする罪をいかに排除するか ……………… 178
- 第5の大罪──過度に自己満足に陥ること ……………… 180
- 自己満足に陥る罪をいかに排除するか ……………… 182
- 第6の大罪──間違った勝ち方をすること ……………… 183
- 間違った勝ち方をする罪をいかに排除するか ……………… 186
- 第7の大罪──正当化 ……………… 188

正当化の罪をいかに排除するか ……………………………… 191
どのようにして悪魔を探し出し、やっつけるか …………… 193
自分を苦しめる悪魔の親玉をやっつける …………………… 195

第6章
熟練トレーダーへの道
成功をつかむための12の法則 ……………………………… 197

第1の法則——己を知る ……………………………………… 198
第2の法則——敵を知る ……………………………………… 201
第3の法則——早いうちに何らかの教育を受ける ………… 204
第4の法則——己の最も貴重な資源を守る ………………… 209
第5の法則——物事を複雑にしない ………………………… 212
第6の法則——己の損失から学ぶ …………………………… 213
第7の法則——トレーディング日誌をつける ……………… 216
第8の法則——低位株にばかり注目してはならない ……… 221
第9の法則——分散投資をしてはならない ………………… 223
第10の法則——時には何もしないことが最良の行動である … 225
第11の法則——厳かに撤退する時期を知る ………………… 227
第12の法則——言い訳は一文の得にもならない …………… 230

第7章
究極のトレーダーの秘密
すべてのトレーダーが知るべき15の掟 …………………… 233

第1の秘密——ウォール街にプレゼントは落ちていない …… 234

第2の秘密	誰かが自分の反対サイドにいて、彼らは友達ではない	237
第3の秘密	プロは希望を売り、初心者は希望を買う	239
第4の秘密	ホームランは敗者のためにある	241
第5の秘密	チャートを作れば、大衆はそれに従う	244
第6の秘密	すべての主要な株価指数は嘘をつく	246
第7の秘密	寄り付きの後に買いを入れるほうが望ましい	249
第8の秘密	寄り付きの前に利食っても報われない	251
第9の秘密	東部標準時の11時25分から14時15分は最悪の時間帯	253
第10の秘密	夜明け前が一番暗い	255
第11の秘密	ウォール街のカリスマは常に間違っている	257
第12の秘密	決算発表に基づく取引は初心者のすること	259
第13の秘密	買い上がるほうが確率が高い	261
第14の秘密	安値で買って高値で売る手法はデイトレードには向かない	263
第15の秘密	次に何が起こるかを知ることが利益をもたらす	265

第8章
10の教訓
究極のトレーダーになるために　267

第1の教訓	相場がよくない時には現金が一番	268
第2の教訓	時間の分散がマーケット・リスクを最小化する	271
第3の教訓	買うこととポジションを積み増すことは違う	273
第4の教訓	マーケットの全体にとらわれてはいけない	274
第5の教訓	犬を売り、人形を買う	276

第6の教訓──マーケットの下落局面で実力がわかる …………277
第7の教訓──情報誌やアドバイザーを採点せよ …………278
第8の教訓──時は金なり …………280
第9の教訓──勝者は自らことを成し遂げ、
　　　　　　敗者は流されるまま …………282
第10の教訓──「誓い」の力を使う …………284

第9章
究極のトレーダーからの最後の言葉 …287

母からの人生の教えとトレーダーへの教訓 …………288

訳者あとがき …………291

まえがき

　6年ほど前になる。当時としては洗練されていたトレーディング・システムの前に座って、私は株式市場が始まるのを待っていた。早く取引をしたくてうずうずしていた。プロのデイトレーダーとして最初の取引。寄り付きの鐘が鳴った。その瞬間にNASDAQのマーケット・メーカー（自己勘定で売買を行う証券会社や投資銀行）たちが動きだし、赤や緑に明滅する株価に私は心を奪われた。自分のコンピューターのスクリーンを自由自在に動き回っているようだった。株価が激しく動いている最中に、絶好の取引機会がやってきたような気がした。私は落ち着かなかった。この瞬間を待っていたのだが、一瞬のためらいがあった。しかし、私はデイトレーダーとして身を立てることを決意していた。クレジットカードの請求額が膨らみ、妻と乳呑み児を抱えて、私は成功しなければならなかった。その瞬間、私は恐怖に襲われ、その場から逃げ出したくなった。駄目だ、逃げてはいけない。私は成功しなければならない。取引を実行しなければならない。私は、キーボードに手を伸ばし、わずかの間、目を閉じた。キーボードを通して、私は、マイクロタッチ社（MTSI）を4000株購入していた。店頭銘柄で値動きが速いことで有名な株だった。私は15万ドル相当の株式の取引が、一瞬になされてしまったことに驚いていた。間もなく、含み益は4000ドルになっていた。数分後には、含み益は、私の前職の給料2ヵ月分を上回っていた。悪い気はしなかった。いや、最高の気分だった。そして、人生は順風満帆に思えたのだった。

　事態は急変した。MTSIは勢いを失ってしまった。私は、利食いを入れるべきか悩んだ。4000ドルの利益は、デイトレーダーとしての人生を始めるに当たっては上出来である。よし、売ろう。そしてお金を家に持ち帰ってヒーローになるのだ。再び、キーボードに手

を伸ばした。そして、キーボードに入力する間もなく、MTSIへの「買い」が消えてしまった。心臓が止まりそうになった。そこには静寂があるのみだった。一瞬のうちに、私の4000ドルの含み益はゼロになり、そして再び恐怖に襲われた。こんなことがあってよいのだろうか。私は椅子に深々と座り直した。あっけにとられ、そして困惑していた。MTSIの買い値は、さらに下落した。何ということだ。今や、含み損が4000ドルになっている。一体何が起こっているのだ。私は周囲を見回し、70人余りいるトレーダーが自分を見ていないか確認した。私のことを見ている者は1人もいなかった。何人かの顔つきから判断する限り、それぞれ自分の問題で精一杯のようだった。私は気持を落ちつけようと必死だった。しかし、MTSIの下落はおさまらなかった。株価がさらに1ドル下落し、私の含み損は8000ドルに膨らんでいた。息ができなかった。私の良識は損切りすべきだとささやいていたが、何かが邪魔をしていた。私は動きがとれずに固まっていた。物理的に動くことができなかった。私は、ただただコンピューターの画面を見ていることしかできなかった。

その後25分間にわたって、私はMTSIの下落により損失が1万6000ドルに膨らんでいくのを苦渋をもって見ているだけだった。落胆し、落ち込んで、すべての望みが断たれた後で、ようやく損切りの決心がついたのである。ようやく終わった。すべてが終わってしまったようだ。再び、私は自分の周囲を見回した。私の大失態を目撃した者がいないか確認したかったのである。しかし、誰も気づいてはいないようだった。仮に、誰かが気づいていたとしても、気にも留めなかったであろう。一体これからどうしたらよいのだ。私を支えてくれたパートナーや妻、家族に何と言えばよいのだと自問した。これらの問いに対する確固たる答えが浮かんでこないまま、私は唯一できることをした。頭を抱え込み、泣いた。

これが私、オリバー・ベレスのプロとしての初めての取引である。これをもって入学式と呼ぶ人は多いだろうが、私はむしろ卒業式だ

ったと思っている。というのも、この日をもって、私はデイトレーディング（日計り取引：同じ銘柄を当日あるいは数日中に売買する取引方法）で手っ取り早く大金を儲けようなどという馬鹿げた考えを捨てることができたからである。私は、そういった初心者の集団を卒業し、デイトレーディングの何たるか（この世で最も要求水準の高い仕事である）をしっかりと認識しているリアリストの集団の一員となった。その日、明滅するコンピューターの画面の前で、私の中の大きな何かが死んだ。しかし、同時に、より素晴らしく、より大きな別の何かが生まれたのである。それはすべての物事を解明しようという強い決意をもっていた。その忌まわしき日に、私は新しい生命を手にしたのである。打ちのめされたトレーダーの屍が累々とする焼け跡の中から、たいていのトレーダーが実践している場当たり的な手法ではなく、理知的で合理的な手法を手にしようと立ち上がったのである。力強い向上心が芽生えたのである。私は、より多くの知識を求め、より高い規律を求め、より多くのスキルを求めて、そしていかなる代償を支払ってでも、それらを会得することを決意した。私が、こう決意できたことは幸運であった。

　その後の6年間で、私は意味のあるトレーディング哲学を構築することができた。このトレーディング哲学に基づいたトレーディング・プランを実践していくうちに、徐々に理論上だけでなく、実際に利益を上げることができるようになっていった。今、読者が手にしている本書は、私のトレーディング哲学のほぼすべてを網羅している。

　トレーディングを始めた日のことを、その日の夜に妻に話すことはできなかった。しかし、彼女は明らかに知っていた。彼女は、そのことに一切触れないことによって、私が自尊心を喪失しないで済むようにしてくれたのであった。私がその日に起こったことを彼女に打ち明けられるようになるまでに、数ヵ月かかった。その頃までには、私の新たな決意は実を結びつつあった。私の取引口座は25万

ドルに達しており、妻は、叔父たちから借金をすることも、また期限の過ぎたクレジット・カードでオムツを買う必要もなくなっていた。それから10ヵ月後には、取引口座は100万ドルに達し、私はパートナーシップを離れて独立する決心をしたのである。

　今日、自信を持って、私は成功したと言える。私は巨象を倒し、マーケットに打ち勝った。毎日、血のにじむような努力を重ね、時を忘れて学んだ結果として、私は意味のあるトレーディング哲学とトレーディング・プランを手にしたのだ。そして重要なことは、その結果として、利益が上がるようになったのである。私は確信を持つことができた。私は、余裕を持つことができた。そして、ある人物に出会ったのである。その人物は、私を一層の高みに引き上げてくれた。グレッグ・カプラは、私のパートナーであり、同僚のトレーダーであり、兄弟分であり、親友である。

オリバー・ベレス（Oliver Velez）

　私が株式市場において真剣勝負を始めたのは、オリバーが人生の転機となる経験をする少し前のことだった。それ以前の私のマーケット経験は、退屈な公社債や、それよりは少しましな投信に限られていた。したがって、私がトレーディングのダイナミックな世界に本格的に身を投じようと決意した時に、対象としたのがこの世の中で最も変動の激しい指数オプション市場であったのは極めて当然の成り行きであった。初心者の私にとって、株式市場の値動きは遅すぎたのである。私は、動きを求めていた。私は、目の玉が飛び出しそうな利益を、即座に得ようとしていたのである。こっちで少し、あっちで少しと儲けるアプローチには全く興味がなかった。そうした考えは時代遅れだと思い、全く無視していた。私は10年以上前に、

まえがき

既にビジネスマンとして成功し、十分な富を得ていた。この頃までには、生活のために稼ぐといった領域を脱していた。小銭には興味がなく、単に上手くやることには、もはや興味が持てなかったのである。私は、心からの喜びを追い求めていた。そう、巨万の富である。そして、私はスリルのある方法で富を得たかったのである。指数オプションは、そうした欲望を十分に満たすものであった。否、むしろあまりにも刺激的過ぎて、デイトレーダーとして成功するチャンスを失うところであった。私は、衛星通信と接続したハイテク機器とウォール街のブローカーの口座で武装していた。指数オプション専門の業界紙を購読して、私はさらに危険な存在になっていた。準備は万端であった。私は受話器をとって、ブローカーの短縮ダイアルを押し、戦闘を開始した。

「3月限のXYZを200枚買ってくれ！」

電話の向こう側には沈黙があった。

「お客様、本当に買ってしまってよろしいんですか？」

私はどなり返した。

「本当にいいかとはどういう意味だ。すぐに買え！」

私はすぐに電話を切り、この大きな取引がいくらで成立したのかを確認する電話を待った。電話が鳴り、電話の向こう側の声は、私の買い値を不安気な声で伝えた。私はすぐに画面に目を移し、値動きを追った。秒単位で私の取引口座の残高は大きく振れ、アドレナリンが体中を駆け巡るのを感じた。私はトレーディングの世界を全く知らず、指数オプション200枚という取引が、動きの激しいインターネット株の2万株に相当するほどの取引であり、初心者が行うべき取引でないことに気づいていなかったのである。客が店先で私を呼んでいる気配を感じたが、私は画面から目を離すことができなかった。客への応対を終え、10分後、私は店の奥に設置したトレーディング室に戻ると、何と、私のポジションは2万6千ドルの含み損を抱えていたのである。私は手足の感覚がなくなってしまった。

混乱しながら、私はブローカーに電話をした。電話の向こう側でも、画面を凝視しながら、私の資金が霧散していくのを見ていたという。「もしもし、もしもし」と、ブローカーは繰り返した。私は、うなるしかなかった。「カプラさん、カプラさんですか」と、ブローカーは厳粛な口調で繰り返すのだが、私は口を開くことができなかった。一言も発することができなかったのである。電話の向こうでは、「カプラさん」と繰り返している。私は人生で初めてカプラでいたくないと思った。さらに重要なことは、私は、自分がしなければならないことをしたくなかったのである。私は、ポジションを閉じることによって、この含み損を実現したくなかった。しかし、私はポジションを閉じなければならなかった。私は損切りをすることが最も賢明な選択肢であることを十分に理解していた。私は何とか口を開き、トレーダーの用語の中で最も苦しい言葉をつぶやいた。「損切ってくれ…」。「ポジションを全部売ってくれ」。ブローカーは、「成り行きでいいですか」と聞いてきた。「あぁ、それがどういう意味でもいい」と言って、私は受話器を置いた。書斎の扉を閉め、外界から我が身を遮断しようとした。

　結局、この取引での損失は3万ドルを超えていた。その金額自体は私にとって痛手となるものではなかったが、金額の多寡が問題なのではなかった。私のプライドと自信が問題なのであった。これまで自分が挑戦したことには、ほとんどすべて成功してきた。トレーディングも違いはないはずであった。その夜、私は、トレーディングをやめるべきか悩みながら家路についた。「自らのビジネスで十分に利益を上げているのに、何でマーケットにかかわらなければならないのか」。しかし、やめることは私の主義に反するものであった。優れたトレーダーになる夢をあきらめることが世界の終わりではないとわかっていたが、私はトレーディングをやめる決心ができなかった。信じられないかもしれないが、翌朝、私は全く同じ行動をとったのである。同じオプションを200枚買ったのである。しか

し、今回は、1時間足らずで3万2千ドルの利益を得ることができた。大きく息をついて、私は、今回の成果を実感しようとした。しかし、勝利の実感は湧いてこなかった。取引で利益を上げることはできたが、落ち込んだ気分は変わらなかった。実力で勝ち取った勝利ではないことを自分自身が一番わかっていたからである。その日はついていただけなのであり、私のもやもやは解消されなかった。私の行動にはスキルが伴っていなかった。私のアプローチには知性のかけらもなかった。それが我慢ならなかった。その日に、私はオプションの口座を閉めて、人生を変える結果となる行動をとったのである。それまでに十分な資金を貯めていたこともあり、私はその日から学習に専念することにした。その日、私はいかなる代償を払ってでも、真っ当な方法でプロのトレーダーになる決心をしたのである。私がオリバーに出会ったとき、私達は似たような境遇にあった。我々が共に過ごしてきたなかで醸成されたトレーディング哲学に従えば利益を上げることができると、私は自信をもって言える。本書には、そのトレーディング哲学がぎっしりと詰まっている。

グレッグ・カプラ（Greg Capra）

序 章

　事実を正しく認識しよう。我々は、新しい時代の入口に立っている。この時代に名前をつけるとすれば、それは自らを強化する時代とでも言うべきだろう。この新しい時代の黎明期を象徴する技術革新は、まだ始まったばかりである。

　過去20年にわたる手数料率の低下傾向、発注ルールの変更、インターネットに代表される驚異的なIT技術の進歩が、広く一般にチャンスをもたらし、ウォール街への閉ざされた扉を恒久的に開放することにつながった。一般大衆の参加を拒む昔ながらのやり方は崩壊し、旧来の隠された利益の源が表出してきた。洗練された投資家は現在の状況が続くことを望んでいる。歴史のなかで、現在ほど、ウォール街で完全な民主化が進んだ時はなく、平均的な人々にとって、望めばいくらでもチャンスがあった時もない。今後、数年間で、そのチャンスはさらに大きくなっていくであろう。ここで読者に尋ねたい。準備はできているか？

　それほど遠くない将来、米国には、細分化された証券取引所は存在しなくなるだろう。巨大な米国証券取引所が1つ存在すればよいという状況が整いつつある。その後、全世界で証券取引所は1つだけという時代が来る日もそう遠くあるまい。世界の隅々まで、真の資本主義が純粋なかたちで浸透する。

　その後は、あるいはそれ以前でも、パソコン1台あれば世界中の市場にアクセスできるトレーディング・システムが開発されているようになるだろう。そして、個人が、株式、債券、先物、石材、材木、婚姻など、地球上にあって価格が変動するあらゆるものを取引できるようになるだろう。まあ、婚姻は無理かもしれないが。ここで再度読者に尋ねたい。準備はできているか？

　今後、5年から10年の間に驚くべきドラマが展開される環境は整

っている。そう、準備が整っている人々、教育を受けている人々には、ウォール街の新しい巨人になれるチャンスが十分にある。

　新しい時代を前にして、とり残されるのが嫌なら、早く準備を整えるべきである。というのも、「自らを強化したトレーダー」が、この新しい時代を支配するからである。

この革命がもたらすものは何か

　過去10年間に、いくつかの目覚しい変化が生じている。私は、変革はまだ始まったばかりであると見ている。

1）過去10年間の手数料率の劇的な低下は、潜在的な利益の可能性を拡大し、短期的な取引の確実性を増加させた。手数料率が低下するまでは、機関投資家と富裕層の個人のみが手数料率の割引の恩恵を受けていたが、今日では、1セントしか持っていない者にも株式市場参加への道筋が開けている。
2）世界的な金利低下により、株式の保有が絶対に不可欠になっている。株式市場に対する強気の見方が支配的になる一方、より洗練された投資手法を身につけ、自らを強化することが必要になってきた。
3）信じられないような技術の進歩により、ウォール街が一般の人々に開かれたものとなった。結果として、巨大企業でも個人でも、金持ちでも貧乏人でも、プロでも初心者でも、快適な居間から、マウスをクリックするだけで世界中のマーケットに参加できるようになった。こうした技術面での奇跡は、「クラブ」のメンバーだけに与えられてきた特権という不公平な障害を取り除き、マーケット参加者に機会の均等をもたらした。
4）発注に関する規則の変更が、ウォール街の機能を根底から変

えた。最近の規則変更は、一般の発注に関し、公平性と透明性を確保するのみならず、マーケット参加者の利便性を向上させるものであった。ECN（Electronic Communication Network）の誕生である。
5）最後に、そして、何にもまして重要なものとして、インターネットが挙げられる。アレクサンダー・グラハム・ベルによる通信技術の発明以来、我々の考え方や生き方に影響を与えるという意味で、これほど革新的な変化はなかった。今日では、情報の送り手と受け手のギャップは皆無に近い。インターネットの登場により、地球は真にグローバルな社会になったと言える。ローカルな消費者は、今や、グローバルな消費者である。ノースカロライナ州シカモア郡の小学6年生の生徒でさえ、世界に目を向けることができる。米国北東部で支配的な地位にある企業は、国際的なニッチ企業として拡大する可能性がある。インターネットは、我々の考え方、歩き方、しゃべり方、生き方、そして愛し方までも変化させる。それに順応できない人々は、紀元前の時代に生きているようなものとなってしまうに違いない。

「正しいトレーディング」とは何か

　私の考えでは、「正しいトレーディング」とは、正しい「思考」の結果である。本書が最初に取り組むことは、読者の心に変革をもたらすことである。読者のマーケットの見方、考え方を変えることである。
　例えば、最初の教訓は、「株式を取引するのではなく、人を取引する」だ。あまりにも多くの初心者が、1つ1つのトレードには必ず相手がいるということを認識していない。株式を買うたびに、誰かが必ずその株式を売っており、株式を売るたびに、誰かが必ずそ

の株式を買っているのである。問題は、「どちらが、より賢いのか」ということである。それが読者なのか、あるいは、トレードの相手なのか。本書の目的は、マーケットの機微を知ることによって賢い側に立てるよう、読者を鍛えることである。

トレーディングを成功に導くには、2種類の欠点を持つ人を探すことが必要である。つまり、割安な値段で売ってくれる人、そして、割高な値段で買ってくれる人である。

換言すれば、傲慢に聞こえるかもしれないが、トレーディングを成功させる能力とは馬鹿を探す能力である。本書を読めば、その馬鹿にならないで済むはずだ。

デイトレーディングは、人々が認識している以上に奥が深いものである。残念ながら、金融業界の内外を問わず、多くの人々が、デイトレーディングは熱狂的で、そして目にもとまらぬ早さで売り買いを行うアプローチであり、ポジションをオーバーナイトで持つことは決してないという間違った認識を持っているようである。それも1つの方法であるが、それだけがデイトレーディングではない。

読者が、毎日マーケットに集中することができ、トレードに全身全霊を傾けることができるならば、読者はデイトレーダー、つまり1日に何回も取引をするアクティブなマーケット参加者である。逆に、我々がリップ・バン・ウィンクル（童話の主人公。日本の浦島太郎伝説を彷彿とさせる童話であるが、ここではバイ・アンド・ホールド戦略をとる投資家の比喩として使われている）方式と呼ぶ、株式を買って、5年ほど寝て、起きた時にはすべてがうまくいっているように願うのであれば、読者はデイトレーダーではない。

重要なのは、デイトレーディングが投資ではないことを理解することである。さまざまな点で、デイトレーディングと投資は正反対の行動である。

本書で何を学ぶのか

　本書は、アクティブな個人トレーダーが、知識、マーケットに向かううえで必要な手法、十分に練り尽くされたトレーディング・プランを習得することを目的としている。換言すれば、本書は何をしたらよいかを教えるものである。しかし、それだけで終わるものではない。なぜなら、何をしたらよいかを知ることと、それを実行するかどうかは別の問題だからである。本質的に、トレーディングの８割以上は心理的なものであるから、すべてのマーケット参加者が必ず直面する心理的、感情的な困難に対処する手法も提示する。

銘柄選択の手法とは

　我々のアプローチはテクニカル手法である。マーケット心理の変化を反映し、信頼できるさまざまなチャートに基づく。チャートには、買い手と売り手の力関係が変化した瞬間を特定できるパターンがある。

　チャートはマネーの動きの足跡とでもいうべきものである。チャートは嘘をつかない。トレーダーにとってマーケットは患者なのであり、チャートは患者の内部を写し出すレントゲン写真なのである。

　例えば、株式がしっかりとしたモメンタムを示して上昇している時には、３日から５日間程度の修正（あるいは一服）があり、その後、上昇を再開する傾向がある。この３日から５日の下落は、教育を受けたスウィング・トレーダー（数日間にわたる株価変動を狙って利益をとりにいく取引＝スウィング・トレードを行う者）に絶好のチャンスを提供する。我々は、さまざまなサービスを通じて、いつポジションをとるべきか、どこにストップ・ロス（損切り）を設定すべきか、取引の最中に注目すべきものは何かを指導している。

成功に向けた心の準備

　トレーディングの戦略やテクニックは、その背景にある精神の準備ができていなければ、全くといっていいほど意味がないものである。本書は、ちょっとした知恵の種をトレーダーの心にまくことにより、時の経過とともに、はっきりとした認識を持つことを、そして、より深い理解に至ることを意図するものである。成功しているトレーダーの財産は彼の思考回路にあるのであって、彼のトレーディング手法にあるわけではない。今日でも、ほとんど知られていないことであるが、健全なトレーディング手法は健全な魂に宿るというわけである。換言すれば、「正しい思考が、正しいトレーディングである」ということである。この言葉を読み解き、消化したトレーダーは、熟練した人間になると確信している。これから示すテーマを１つ１つ消化するごとに理解は深まり、心は研ぎ澄まされ、精神的に優位に立つことができるようになる。短い文章の中にも、成功したトレーダーには理解できる珠玉の知恵が隠されている。これらの悠久の宝は、我々が毎日発行しているニューズレター「The Pristine Day Trader」を通じて世界中の人々のトレーディング生活を豊かなものにしている。読者にも豊かで充実したトレーディング生活をもたらすものと確信している。

....

　本書では同じことが繰り返し述べられていることに読者は気づくだろう。しかし、反復には価値がある。ある表現ではどうしても理解できなかったことが、別の表現ならば、その真実と知恵が理解できるかもしれない。デイトレーディングの極みに到達する第一歩を楽しんでいただきたい。

第1章
トレーディングの勝者への誘い
熟練したトレーダーの世界を理解する

コストがいかに高いか、わかっているか

　熟練したトレーダーになるためのコストはどのくらいなのだろうか。実際の値段を言うのは難しいが、我々はトレーディングのビジネスに長いこと携わってきて、それがたいていの人々が想像する以上に高いものであるという認識を持っている。しかも、ほとんどの場合、それはたいていの人々が躊躇するほどに高いのである。
　デイトレーダーになるために、喜んで仕事を辞めるという人がいたら紹介してほしい。デイトレーダーになるということが何を意味するのか、その人には理解できていないということである。ほんの2～3ヵ月でこのゲームを征服できると考えているなら、それは間違いだ。マーケットが十分に理解できるようになるまで、絶え間ない努力を払って数ヵ月から数年かかるばかりか、熟練の域というのは、考えられる限りの損失を経験し、肌で感じた後に自然と達するもののようである。熟練したトレーダーの痛みと苦悩と傷は極めて大きく深いというのが真実である。不屈の精神がなく、決断力に欠け、情熱に乏しく、すべてを捨てることができないのなら、いくらトレーダーに向上心があっても長続きはしない。
　マーケットで成功するためには、自らの血を流し、お金を惜しまず、生活のほとんどを注ぎ込むことが必要である。授業料は高い。それは否定しようのないことである。しかし、あえて対価を支払う者に対する最終的な報酬は途方もないものとなる。成功したトレーダーが味わうことのできる自由は、想像のつかないものである。
　ノートパソコンと電話回線があれば、世界中のどこからでも自由にトレードができ、利益を上げることができるのである。たいていの人が1ヵ月かかる稼ぎをわずか2時間で稼ぐことができるのである。成功したトレーダーは、マウスをクリックし何回かキーを叩く

だけで物欲を満たし、平凡な人々が日々の暮らしに忙殺されている現実から自らを解放することができるのである。コンピューターのスクリーンに映る電子的な点滅に適切に対応することにより、好きなように自分の世界を構築し、まさに夢であった生活を上回る暮らしを実現し、安息を得ることができる。そして、地球上の誰も、その生活を奪うことができないのである。

　だが、そこに至るまでには、辛抱を要する。私が示した生活に達するには、いかに困難な状況になっても生き残らなければならず、それは容易なことではない。本当に対価を支払う意思があるとして、私がアドバイスできるのは次のことだけである。まず計画を立て、師匠を探し、そして決してギブアップしないことである。今日、この瞬間に、立ち上がるのか、朽ち果てるのか、決心を固めること。揺るぎない決意の下に詳細を詰めるのである。必ずできる。我々がそう確信できるのは、我々がそれを成し遂げたからである。

POINT

　熟練したトレーダーになるためのコストは高いということを認識すること。そのコストを受け入れることができるとしたうえで、成功を追い求めなければならない。トレードを極めるまで情熱の炎を燃やし続けなければならない。「あきらめ」という概念は忘れて、あらゆる障害を克服することを人生の唯一の目的とするのである。トレードを極めるための情熱がトレーダーの原動力であり、新参者のトレーダーに、落とし穴だらけの新しい生活を乗りきる能力を与えるのである。

熟練したトレーダーはわずかな道具しか必要としない

　トレーダーとして成功するためには、いくつかのトレーディング手法に習熟するだけでよいというのが、私の長年の信条である。トレーダー志望者の多くは、とてつもなく長い経験の中で知識を蓄積しなければトレーディングで身を立てることはできないという誤った認識を持つがゆえに、その資格を手にすることができない。この考えは必ずしも正しくないというばかりでなく、事実はほとんど逆に近いのである。

　実際、私の経験では、限られた知識しか持たないほうが、いわゆる経験者よりも効率的なマーケット・プレーヤーになれる。なぜだろうか？ さまざまなマーケットにおける経験は、正しく解釈して活用するのでなければ、不正確な思い込みを助長するからである。そして、不正確な思い込みは、時間の経過とともに、トレーダーを破滅させる誤ったイデオロギーに発展するのである。

　知識は力であるが、それは正しい知識の場合である。

POINT

　最高のトレーダーは、ミニマリストである。彼らは、安定的に機能する２つか３つの手法に気づき、そして、それを繰り返し使用するのである。反復には価値がある。

今、この場所で成功を追求する

　事後に振り返って、いつ、なぜ、マーケットで、いわば病巣が大きくなったかを理解することは意味がある。しかし、なぜ、病気が進行するのかを事前に知ることはもっと価値がある。事前に知ることに価値があるならば、なぜ、多くのウォール街のアナリストやテクニカル・アナリストは、事後の説明に満足しているのであろうか。おそらく、事前に予想を出すことは、それまで懸命に築き上げた評判を台なしにするリスクがあるからだろう。それは膨大な調査と作業を要するだけでなく、その結論を全世界にさらすことになる。

　そういう現状に対して、我々が批判的であるのは言うまでもない。失うものが多い者ほど、予想を一般に公表しないのだから、我々が提供するようなサービスの余地がある。過去6年あまり、インターネットの普及によって、果敢に先を見ようとする会社やマーケット関連のサービスが増加した。アクティブなマーケット参加者にとって、同じことをやった場合に失うものの大きいウォール街の巨人たちよりも、これらの会社やサービスのほうが価値があるだろう。

　わずか数年間のうちに、我々のサービスは世界中の48ヵ国で顧客を獲得した。なぜ、我々のサービスがこれほどの支持を得たのだろうか。それは極めて単純なことである。それは、我々——そして他の新興の会社——が、今後、何が起こるのかに注力することに、日々、自らの評判を賭けてきたからである。我々は、学問的にわずかな価値しかない既知の事実にはほとんど時間を割かず、今後起こると考えるところに全精力を傾けた。そして、従来よりも洗練された今日のマーケット参加者は、それによりさらに成長するのである。

　ここで、看過できない重要なポイントを指摘しておかねばなるまい。後ろではなく、先を見てマーケットに参加することは極めて重

要なアプローチではあるが、マーケットの見方あるいは考え方について、あまりにも視点を先に置くことは、必ずしも得策ではない。これが、我々が8ヵ月先に何が起こるかについて特に興味を持たない理由である。実は、これは才能のない者が批判をかわし姑息にやるための言い訳なのである。

　かつてヘッジ・ファンドのファンド・マネジャーとして定期的に相場観を報告しなければならなかった時に、ウォール街の経験則として学んだことがある。一般の投資家が、なぜ、この経験則に気づかないのか不思議でならない。その経験則とは、迷った時や疑念に苛まれた時には、6ヵ月から8ヵ月先の相場観を示せということである。その相場観が正しいかどうかが判明するには相当の時間がかかる。相場観が正しくなかった場合も、ほとんどの人はそれに気づかない（一般大衆は忘れっぽいのだ）。いつでも相場観を変えることができるし、あるいは、単に別の相場観を示せばよいのである。

　これが最低の行為であることは言うまでもない。極めてまれではあるが、ウォール街にも本当に才能のある者がいる。もちろん、彼らが常に正しいわけではない。しかし、彼らは自信を持って、求められれば毎日壇上に上り、「注意しておかなければいけないことはこれこれで、利益を得るためにこの手法を提案します」と述べることができる。そういった根性のある行動を見たり、情報紙や情報提供サービスなどで目にしたりすると、私はとりあえず敬意を表すことにしている。そして、次に、情報紙を通じて、あるいは個人的にその人を知ろうとする。

　ここで言いたいことは、我々トレーダーという職種の人間にとって重要なのは、今現在である。我々は過去に生きるわけではないし、現実から逃避して遠い未来に生きるわけでもない。アクティブなマーケット参加者として、恒常的に2日から2週間ほど先を見ながら過ごしていくのである。これはぜひ書きとめておいてほしい。

　換言すれば、マーケットを見通す際に、自分たちで消化可能な2

日から2週間の期間に時間軸を区切るということである。これも書きとめておいてほしい。これを正しく行うことができれば、利益を得る可能性が高い。仮に、見通しを誤った場合でも、もちろん時にはそういうこともあるのだが、早急に見通しを改めて先に進むのである。正しい見通しを持つべき2日から2週間先は常に存在するのである。2日から2週間の見通しを誤ったとしても、トレーディング生活を無駄にしたり失ったりするようなことにはならない。これが8ヵ月、12ヵ月にわたる見通しの誤りなら話は別である。我々の認識ではそれは犯罪である。この変化の激しい世界においては、取り返しのつかない犯罪だ。そんなリスクを犯す必要はあるまい。

POINT

既に起こったことの分析にあまり注力してはならない。2日から2週間先を見通す姿勢でマーケットに参加しなくてはいけない。過去を取引することはできない。また、あまりにも遠い将来を正確に予見することもできない。しかし、すぐ目の前にある期間については、ある程度の確信を持つことができる。適切な表現がないので、この期間を目先とでも呼ぼう。目先において、我々トレーダーは、我々が求める正確性、成功、安心を得るのである。

熟練したトレーダーは、なぜチャートで取引するのか

　我々の作業は、テクニカル分析がそのほとんどの部分を占める。テクニカル分析は、短期のトレーダーが売買の判断を行うに際し、よりしっかりとした基準を提供するものである。ファンダメンタルズが極めて強固な企業でさえ、数日間あるいは数時間で2ドルから10ドル下落することがあることを、また、逆に、ファンダメンタルズが脆弱な企業が上昇することを、多くのトレーダーが体験している。

　ファンダメンタル分析は時には有効であり、株価を1年半から5年の期間で考える時にその価値が最大化される。逆に、価格形成パターン、支持線や抵抗線、出来高の特性、取引主体の特性、上放れ・下放れなどといったテクニカル分析手法は前述の目先に基づいており、短期トレーダーのためのものである。

　しかし、ここで確認しておかなければならないことは、テクニカル分析におけるチャート・パターンはあくまでも指針であり、それ以上でもそれ以下でもないということである。それはトレーダーが、ある特定の日の確率を評価する際の、あるいは現時点でのメリットやリスクを評価する際の一助となるものであり、決して成功を保証するものではない。全く間違いがなく、完全に正確なものとして信じるわけにはいかない。しかし、それでも我々は、ある事象が生起する確率を測るバロメーターとして、テクニカル分析やチャート分析に勝るものはないと考えている。

　さて、十分に知識を持たない初心者は、ある特定のテクニカル分析の概念、例えば、支持線がうまく機能しなかった場合に、テクニカル分析は信用できず、使えないといった誤った認識を持つが、そ

れは大きな間違いであり、避けなければならないことである。経験豊かなトレーダーなら、テクニカル手法が失敗する事例を、成功事例と同じほど体験している。

　支持線が4回続けて機能した後、突然、下抜けしたとしよう。それは支持線の概念が機能しないことを示すものではないと、我々は考える。それは極めて価値のある、有効な情報であり、テクニカル分析の概念として最も価値のあるメッセージなのである。つまり、変化である。

　次の例を考えてみよう。98年の中旬にインテル社が3ヵ月間にわたる支持線を90ドルで割り込んだ。この時に、「だからテクニカル分析は信用できない。支持線は機能しなかったではないか」という人が存在していたことは間違いないだろう。そして、彼ら評論家たちは、その後、インテルが70ドルまで下落したことによって損をしているに違いない。インテルが90ドルで支持線を割りこんだことはテクニカル分析の失敗ではない。それは1つのメッセージだったのである。テクニカル分析を理解していれば、損をしなくて済んだはずである。

POINT

　ファンダメンタルズは重要ではあるが、目先のリスク評価の助けにはならない。この点において、テクニカル分析やチャート分析はファンダメンタル分析よりも輝きを増す。チャート分析が常に機能すると期待することは愚の骨頂である。チャートが常に正しいわけではない。時には機能しないこともあるが、それは経験豊かなトレーダーには価値あるメッセージなのである。トレーダーは、いかにしてそのメッセージを聞くかを学ばなければならない。

チャートは嘘をつかない

　テクニカル分析あるいはチャート分析の何たるかについて全く認識していない、いい加減なマーケット参加者があまりにも多い。それは必ずしも彼らの犯罪ではない。しかし、悲しむべきことに、これらの十分に知識を持たない人々がテクニカル分析を批判する急先鋒なのである。

　先に述べたように、チャートはマネーの動きをグラフ上に表示したものにすぎない。言い換えれば、人間の心理、繰り返し生じる恐怖や欲望、そして不確実性のサイクルを示したものである。チャートの特長は、それが事実であるということである。CNBC、MSNBC、マネーラインなどのテレビ番組で大会社のファンド・マネジャーの顔を見ることがあるが、彼らは大きなロットの売り注文をさばく目的で十分な買いを作りたいがために、その銘柄を気に入っていると平気で嘘をつく。

　しかし、チャートは嘘をつかない。売り注文を出すたびに、瞬時にチャートに反映され、出来高がその売り注文の大きさをつまびらかにする。チャートを見ることによって嘘かどうかということがわかるのである。著名なアナリストがX社がその業種の中で支配的な地位を占める旨のレポートを書いたとしよう。それが真実か確認する方法がある。つまり、X社の株価チャートを見て、その上昇ペースがそのセクターの指数よりも早ければ、「このアナリストとは友達になってもよい」と確信を持てるのである。逆に、チャートが地獄への階段を下っていくようであれば、「このアナリストは大したことがないか、あるいは、嘘をついている」ということが分かる。

　財務諸表は会計上の粉飾によって実態と異なる姿を示すことができるが、チャートは嘘をつかない。ある会社の社長が記者発表の場

で、威勢はいいが不正確な説明をするかもしれないが、チャートは決して嘘をつかないのである。投資家やトレーダーは、額の多少にかかわらず自らのお金を投資しているのであり、口先に従って投資しているのではないのである。こうした投資が常に正しいわけではないが、（買いであれ売りであれ）その投資判断は信念と確信に基づいているのである。そして、この投資判断がチャートを形成する。忘れてはならない。チャートは嘘をつかない。

POINT

　株価の動きは、欲望と不安と恐怖のいずれかの感情に基づいている。不安は、欲望と恐怖という２つの支配的な感情の狭間にある小休止のようなものである。マーケット参加者の大半が欲に支配されている間、株価は上昇する。これが強気相場である。逆に、大半の人々が恐怖に支配されている時には株価は下落し、弱気相場となる。彼らが不安になっている時、あるいは様子見気分になっている時には、短期的には方向性がなくなり、株価は横ばいで落ち着く。

　株価チャートは、マーケットの真の参加者が誰であるかを瞬時に把握することを可能にする。チャートは嘘をつかない。マーケット参加者の大半が何を感じているか、何を行っているかをつまびらかにする。株式の分析にチャートを使わないのであれば、チャートを熟知している者の餌食になるリスク、有象無象のお人好しの馬鹿になるリスクを抱えることになる。簡潔に言えば、熟練したトレーダーは、チャート分析を行わなければ話にならない。

マネーの足跡をたどる

　我々のニューズレターの購読を検討している人や購読を始めたばかりの人は、我々の分析のほとんどが伝統的なファンダメンタル分析ではなく、チャート・パターンやテクニカル指標の分析に基づいていることに若干の不安を持つようである。

　歴史的に、一般大衆は企業収益やPER（株価収益率）、債務水準、業種の成長性などの分析に安心感を持ってきた。チャート・パターン、上放れや下放れ、出来高、リバーサル、移動平均などのテクニカル分析の手法は、批判されてきたばかりでなく、まやかしのたわごととして無視されてきた。しかし、テクニカル分析、株価チャートは、資金の移動の足跡を辿ることに他ならないのである。

　そして、マネーは嘘をつかないということを再確認されたい。逆に、投資家やアナリスト、ウォール街の証券会社や投資銀行は、自分が望んでいることを口にするものなのだ。彼らは寛大にも自らの見方やアドバイスを惜し気もなく公表する。しかし、結局のところは、彼らが本当に信じていることというのは、彼らの投資行動を追うことによって、つまり、彼らがどのようにマネーを動かしたかを追うことによって確認できるのである。

　大手の証券会社がある銘柄を「買い推奨」する一方で、彼らがアドバイザーをしている機関投資家がその銘柄を売却しているなどということはざらである。ある企業の経営陣が会社の将来性について壮大なコメントを出している傍らで、社長以下清掃係までがその会社の株式を市場で叩き売っているなど、信じられないかもしれない。

　マネーは真実を映し出す。マネーの動きを追うことによって、誤解を招きがちな表層を取り払うことができる。マネーの動きは、主要なマーケット参加者の、純粋な志向をつまびらかにする。これが、

熟練したトレーダーがチャートを使用する理由である。考えてみてほしい。株価チャートは実際のマネーの動きの足跡にすぎない。確かに、企業業績などは重要である。しかし、財務諸表の数値やアナリスト・レポートが株価を動かすことはできない。マネーの移動だけが株価を動かすことができるのである。そこで、レポートは要らないから、マネーの動きを見せてほしいということになるのである。

POINT

　アクティブなトレーダーは、患者の身体の内部をレントゲン写真によって確認してからでないと診療しない医者と似たところがある。医者は、どのような症状なのか、どのような感覚なのかについて、直接、患者から聞くことができる。しかし、よい医者はそれだけでは満足しない。もちろん患者の言うことに耳を傾けるが、自らの「洞察」を得るために、レントゲン写真を撮る。もし主治医がこうした行動をとらないなら、やぶ医者であることは間違いあるまい。短期のトレーダーは、これと似たような状況にあるといえる。常によいニュースと悪いニュースの洪水にさらされ、またさまざまな矛盾する見解にさらされているのである。個人的な友人からフォーチュン500社に入る企業の社長まで、ありとあらゆる人々がトレーダーの考え方、見方、そして信念に影響を及ぼそうとしている。熟練したトレーダーはそれらを考慮に入れることもできるが、彼らは、あくまでも彼自身のレントゲン写真による「洞察」を持たなければ、外部の影響を排除できないということを認識している。熟練したトレーダーは、チャートによって、誰が嘘をついているのか、真実を述べているのかを見分けることができる。マネーの移動を確認し、大口の買いが、いつ、どのように生じたのか、あるいは手仕舞いが、いつ生じたのかを知ることができるのである。我々の考え方や信念に影響を与えることに関心がある人々については、疑念の目をもって接しなければならない。しかし、チャートは真の友人なのである。チャートはマネーの移動の記録であり、マネーはトレーダーが最終的に信頼できるものである。チャートを活用しない手はない。

テクニカル分析を知るか、死ぬか

　多くのトレーダーは、我々が、トレーディングの分析の基礎として、ある銘柄のファンダメンタルズや成長シナリオを深く検討せずに、ほぼ全面的にテクニカル分析（出来高、価格パターン、モメンタムなど）に依存していることに驚嘆することだろう。

　実際、我々は全面的にテクニカル分析に依存しているために、CNBC以外のニュースに接することはない。簡単なマーケットの状況把握と、時折の笑い話の種（つまらない題材を楽しませてくれるという意味で、CNBCはよい仕事をしている）としてCNBCを見ている。これは、ファンダメンタルズや成長シナリオに価値がないということを意味しない。その価値が、往々にして比較的小さく、短期トレーディングにはあまり関係がないということを言っているにすぎない。

　少し説明しよう。ある銘柄を20ドルで購入したとしよう。目標株価は22.5ドルであり、損切り水準（あるいは、心の中での損切り水準）を19ドルに設定するとする。悪材料のニュースが発表され、損切り水準まで株価が下落したとしよう。結果はどうだろうか。1ドルの損失（単純化のために、手数料は考慮していない）である。換言すれば、そのニュースが何かを引き起こしたわけではないのである。1ドルの損失に何か違った意味があるのだろうか。考え抜いた末のトレーディング計画がどう転ぼうと損切り水準ではポジションを手仕舞うというものであった場合、株価の下落を招いている要因を知ることの真の価値は何だろうか。実は、その要因を知ること自体が、トレーダーをつまずかせるもののようである。

　必要な時に必要な行動がとれなくなるのだ。ニュースやウォール街の高給取りの言うことや、噂などに影響を受けてポジションを手

仕舞った後に、株価が急騰することはざらである。同様にポジションをとった直後に、株価が急落することもざらである。しかし、すべての行動は、噂や絵空事ではなく、入念に考え抜かれたトレーディング計画に基づくべきであると、私は自らの経験から確信している。そうであるからこそ、混沌とした状況下でトレーダーは自らをコントロールできるのである。

　これが、他者が混乱し無力になっている時に、優れたトレーダーが正気を維持できる方法なのである。端的に言えば、これが、株価の動きという唯一信用すべき事象に集中することによって、優れたトレーダーが儲ける方法である。他のすべての事象は余計なものであり、不完全なものである。パトリック・ヘンリーが「他人が何をするかはいざ知らず、私にとっては、テクニカル分析を知るか、死ぬかだ」と言ったことを、すべてのトレーダーは肝に銘じるべきである。

POINT

　ニュースや絵空事、噂、助言などによって、株価は急激な動きを見せることがある。しかし、熟練したトレーダーはそのような外部情報によって計画を変更することはない。特に、売りの計画を持っている時にはなおさらである。熟練した短期のトレーダーにとって、株価下落の材料はほとんど意味がない。テクニカル分析に基づいて損切りの水準を決定したならば、それで話は終わりなのである。ニュースや噂によって、その決定を翻してはならない。初心者は負けている取引にしがみつくことを正当化するための事象や理由を探し回りながら、「なぜ、A株は下落するのか」とか、「B株が下落しているのは、何かのニュースのせいなのか」といった質問を胸に抱くのである。往々にして、下落の背景にあるニュースは彼らを安堵させるものである。「そのニュースは全くの悪材料ではない。あともう1時間、あるいは1日耐えれば、再び上昇を始めるだろう」と思うわけだ。優れたトレーダーはいかなる代償を支払ってでも、テクニカル分析に基づいて行動

し、あらかじめ定めておいた損切りの水準をきちんと守る。優れたトレーダーはテクニカル分析と損切りの水準に基づいて行動し、その後で、疑問があれば解決するのである。疑問は傍観者が持つものである。換言すれば、疑問は戦の前と後で持つべきものであり、戦の最中に持ってはならない。塹壕に入っている時（取引をしている時）には、戦の計画（トレーディング計画）は地図（株価チャート）に基づいて遂行されるべきである。考えてみてほしい。塹壕の中で、神経質にやたらと質問をする者が隣にいたら、とても不安になるだろう。

錆びたナイフだけで銃撃戦に参加してはならない

　カナダのマスコミに、プリスティーン・デイトレーダー社の米国での評価が高い理由について、あれこれ質問されたことがあった。
「あなたはプロのトレーダーなのですか？」
　とレポーターは質問し、私は「そうだ」と答えた。
「何年くらいトレーディングをやっているのですか？」
「もう12年になりますね。6年間は初心者として、そして6年間はプロとしてね」
「負けたことはありますか？」
「もちろんです。負けることに関しては、誰にもひけを取らないですよ」
「ちょっと待ってください。事実関係を確認させてください。あなたが負けることがあるのですか？」
「もちろんです。そう、常に負けていました」
「どのくらいの期間にわたってですか？」
　彼は訝しげに聞く。
「4～5年といったところでしょうか」
　この時点で、レポーターが混乱しているのが見てとれた。あのバロンズ紙がネット上でのデイトレーダー向けサービスとしてはナンバーワンであるとしているプリスティーン・デイトレーダー社主幹のオリバー・ベレスが、平然と、恒常的に負けていたと言っているのである。
「しかし、バロンズ紙はあなたのサービスがベストだとしていましたが」と彼は続ける。「だからどうだと言うのです。私のサービスは勝者であっても、それは私が敗者でないことを意味しないのですよ」と、私はすまして言った。長い沈黙があったが、私は先に口を

開こうとはしなかった。私は、彼が気まずく感じているのを楽しみ始めていた。
「教えてください」
　ついに彼は口を開いた。
「何なりと」
「今は勝っているのですか？」
　私は、彼がどんな答えを期待しているかがわかった。彼は、冷たく、無常で、純粋な真実を突きつける者との会話に慣れていなかった。彼は我を失い、ふらふらして、陸に上がった魚のようであった。そして、実は私はそうした瞬間を楽しんでいた。正直言うと、彼の期待に応えたくなかった。しかし、私は言った。
「時には勝ちますよ」
　再び、沈黙。
「ほとんどの場合ですよね？」
　彼は狐につままれたように訊いた。
「そうですね。今は負けるより勝つほうが多いですね」
　再び、沈黙。これが最後の沈黙となりそうだ。
「ベレスさん、最後の質問です」
「どうぞ」
「他の人々が負けるのを防ぐことはできますか？」
　彼は力をこめて聞いた。
　ここに罠があるのである。他のサービスの提供者や広告担当や営業担当が陥る罠である。しかし、私は違う。私は、そんな安易な罠に陥りはしない。このカナダのレポーターは、すべてのトレーダーの祈りに私が応えることができると言うことを期待し、そして、私のサービスによって損失を被った人を探し出すことに精を出すのであろう。
「とんでもない。他の人々が負けることを食い止めることなどできるわけがない」

「では、ベレスさん、あなたには何ができるのですか？ あなたの顧客が負けないようにすることができないのなら、彼らは何に対してお金を払っているのですか？」

今度は私が沈黙する番であった。

「錆びたナイフ１つで銃撃戦に参加しないようにすることですよ」

カナダのレポーターは爆笑した。

我々のサービスを求めるトレーダーたちは、我々が彼らを勝者にすることができないと告げると、たいていはひどくショックを受けるようである。彼らは、我々が人気のある情報誌の編集者、全国的に奇跡の仕事人、夢の伝達者、希望、富、莫大な資産を保証する者として自らを売り出していると思っているようだ。我々をよく知っている人々は、我々が決してそのようなことを約束したり、助長したりすることはないと知っている。

本当のところ、トレーディング技能を他人に移殖することは誰にもできないのである。魔法の杖の一振りで、意識づけ、精神的な姿勢、勝者の規律と行動のあり方などを伝授することはできない。自ら、勝つ権利を獲得するしかないのである。トレーダー予備軍は皆、勝てるだけの可能性を秘めているが、その可能性は未発達であり、それぞれが自らの手で導き出すしかない。それは個人的な挑戦であり、他人が代わりをすることはできない。

我々ができることはトレーダーが進むべき道を示すことくらいである。我々の豊富な知識をもってしても、トレーダーの人生を台なしにするような無数の落とし穴や罠を指摘することができるだけである。トレーダーに何が機能して何が機能しないのかを教えることはできる。我々が努力して築き上げた知識を示し、利益の上がる戦略や技術を明らかにすることはできる。

しかし、我々が何をしたところで、トレーダーがそうした戦略や技術をどのように使うかを我々はコントロールできない。トレーダーの思考回路、感じ方、事象に対する反応などをコントロールする

ことは不可能だ。また、トレーダーの恐怖感に影響を与えることも、心理あるいは感情を変えることもできない。

　トレーダーが必要な装備をもってゲームに参加できるようにすることはできる。しかし、トレーダーの荷物を整えてあげた後は、そして、トレーダーの耳元に激励の言葉を囁いた後は、トレーダーは1人で立ち向かわなければならない。我々が彼に代わって試験を受けることはできないのである。

　我々はトレーダーの準備を手助けすることができるだけである。それが我々の使命であり、本書の目的もそこにある。それが、世界中のトレーダーがお金を払って、我々に求めているものである。その期待に応えるべく、我々は寸暇を惜しんで取り組んでいる。我々はただ1つのことを念頭において本書を執筆した。それは、読者が錆びたナイフ1つで銃撃戦に参加しないようにすることである。

POINT

　トレーディングに習熟するには、まず、自己に精通しておく必要がある。それがインストラクター、あるいはトレーディング・サービスという形式であっても、師匠が弟子にトレーディングにおける成功を伝授するには限界があるというのが真実である。師匠ができることは、弟子が次なる戦いに備えて適切な装備を持ち、その操作に習熟していることを確認するのみである。戦いそのものはトレーダー個人のものであることを肝に銘じてほしい。誰も他人の代わりに戦うことはできない。誰も不可避の困難を肩代わりしてくれないし、和らげてくれもしない。個人の努力だけが成功をもたらすことができる。適切な指導の下でそれが可能であるし、あなたがそれを成し遂げるのである。

まず知識を求めよ、利益はその次である

　成功とは非常に曖昧な言葉であり、その定義はそれぞれが定めるべきものである。なぜか？　それは、それぞれの成功の意味には固有の定義があるからである。しかし、成功の正反対の概念である失敗はただ１つの事象によって定義される。些細なことにとらわれる習性である。たいていの人々は人生の大半をほとんど価値がなく、取るに足らない物事にとらわれてすごしている。

　簡単に具体例を見てみることにしよう。我々のニューズレターは２つのポイントを提供するよう努めている。まず、トレーディングの知識である。そして、トレーディングで利益を得ることである。ここで、利益が大方の関心を集めるであろうが、知識のほうが圧倒的に重要である。２ドルや３ドルの利益なぞ、いったん確定してしまえば、それでお仕舞いではないか。しかし、なぜ利益が出たのかを知ることは、継続的に利益を出し続けることを可能にする。これは中国の有名な故事にうまく言い表わされている。「ある男に魚を与えれば、彼はその日は食料を得ることができる。しかし、その男に釣りを教えれば、彼は一生食料を得続けることができる」。

　我々がニューズレターに教育的な見地を盛り込んでいるのは、トレーダーに何が重要なのかを学んでほしいからである。トレーダーには、ぜひ利益を追求し、利益を上げてもらいたい。しかし、利益を得る過程で、その瞬間に利益を得るだけでなく、継続的に利益を上げ続けるための知識を学ぶことを忘れないでもらいたい。

POINT

　重要性の観点からは、常に、最初に知識ありきでなくてはならない。抜かりのないトレーダーであるには、知識欲を利益に対する欲望に優先させ

なければならない。一時的な利益を犠牲にしてでも、知識を追求することによって、トレーダーは近い将来、これまで見たこともないような利益を得ることになる。知識が最も重要であるとの認識があれば、無限の利益がついてくることはほぼ必定である。それは正当な真の利益であり、長続きする。可能な限り知識を追求してほしい。すぐに利益が湧き上がってくることを確認できるはずである。

短期の時間軸──トレーディングの正確性を高める鍵

　先に述べたように、我々は非常に短期（2日から2週間程度）での相場観を提供している。しかし、時にはニューズレターの購読者から、我々のアプローチが長期的に有効であるかを判断するために、中期から長期の相場観を提供してほしいと求められることもある。
　既におわかりのこととは思うが、我々は数週間を越える時間軸の相場観には重要性を見いだしていない。これはそもそも我々が短期のトレーダーであるということもあるが、そのほかにも理解しておくべき重要なポイントがある。我々にとっては明らかなことなのだが、分析の時間軸が長くなるほど、その正確性は劇的に低下する。しかし、学界やウォール街のアナリストは、その逆が真であるとする。これは根本的に道理にかなっていない。対象とする物が遠ざかるほど見えにくくなるものなのである。当然ながら、15分後に何が起こっているかを知ることのほうが、1年後に何が起こっているかを知る可能性よりも高いであろう。それはマーケットにも適用できるのである。短期の時間軸のほうが相場観の正確性も高い。長期的にはさまざまな環境変化が生じることから、長期における正確な相場観を形成することが極めて困難となる。これが、我々が2日から2週間程度の時間軸に注力する理由である。

POINT

　抜かりのないスウィング・トレーダーは、数日後についての相場観のほうが数年後についての相場観よりも正しい確率が極めて高いことを知っている。熟練したデイトレーダーは、数時間後についての相場観のほうが数日後についての相場観よりも正しい確率がさらに高いことを知っている。

数分後についての相場観のほうが数時間後についての相場観よりも正しい確率が驚異的に高いことを知っている。優れたトレーダーは、根本的なところで確率を重視することを忘れてはならない。完全に正確を期することは不可能ではあるが、トレーダーは、短期の時間軸で行動することによってマーケットの確率を味方にすることが可能である。優れたトレーダーはこの事実を知っている。これが、優れたトレーダーの相場観およびアプローチが短期である理由なのである。

なぜ短期の時間軸が最も安全なのか

　私がデイトレーダーであることを最も幸福であると感じるのは、マーケットが非常に困難な状況にある時である。長期のアプローチは、マーケットがパニック状態に陥った時に真のテストを受けることになる。マーケットが混乱状態の時は、いかなるトレーダーにとっても御し難いものであるが、混乱時には常に短期のプレーヤーが有利である。なぜか？

　すばやいトレーダーは、いかに状況が悪化しても、日ごとに、それを受け入れることができるからである。デイトレーダーは、10セントの利益を求めて出動することができるという利点がある。デイトレーダーは小刻みに縫うように動き、一瞬でサイドを替え、スタンスを替える。一時的には恐怖に沿って行動することもできるし、マーケットのムードが改善すれば、すかさずポジションを替える。頻繁に売買を行うトレーダーが最も輝くのは、暗い状況の時であることは否定できない。

　他方で、長期のアプローチを標榜するものは、抹殺されるとは言わないまでも、相当傷つくだろう。98年後半に、当時絶頂にあったヘッジ・ファンドのLTCM（Long-Term Capital Management）が破綻した事例を想起してほしい。FRBとメリルリンチやJPモルガンなど多数の大手投資銀行の支援がなければ、最大かつ極めてレバレッジの高いヘッジ・ファンドは消滅していただろう。彼らの名称とアプローチが、「ロング・ターム・キャピタル・マネジメント」ではなく、「ショート・ターム・キャピタル・マネジメント」であれば、結果がよかったかどうかは知る由もない。しかし、彼らに起こったことを考える限り、アプローチが違えば、結果は異なっていたのだろう。

第1章 トレーディングの勝者への誘い

　ここでのポイントは、デイトレーダーたることを幸福に思えということである。環境が思わしくなく、あるいは荒れ狂うマーケットに自分が恐れおののいている時には、たいていのトレーダーが傷を負う。しかし、長期のマーケット参加者の傷は、より深いのである。

POINT

　その昔、頻繁に回転させる売買は、精神衛生上問題があり、ストレスが強く、偏頭痛と胃潰瘍を招くものだと思われていた。当時は、すべての保有銘柄を長期にわたって持ち続けることが唯一の安全な投資手法であると認識されていた。しかし、今日の、過度にボラティリティの高いマーケットでは、特定銘柄が40パーセントから60パーセントも下落するような地合の悪さもあって、マーケット参加者は、より短期指向にならざるを得なくなっている。最近では、デイトレーダーであることはストレスを感じる頻度が少なくなることを意味する。保有銘柄が2週間で40パーセントも下落するのを見ていることは非常なストレスであるが、第三者として見る場合には、話が違うだろう。デイトレーダーは、より安全なアプローチをとっていると自信を持つべきである。保有銘柄が40パーセントも下落することを看過することに弁解の余地はないと我々は考える。優れたトレーダーは決してそんなことはしない。なぜか。それは、優れたトレーダーは以下の7点を信じているからである。

1) 迷った時には、ポジションを手仕舞う。
2) ポジションを取り直すことはできる。
3) ポジションをすっきりさせれ（手仕舞え）ば、頭の中もすっきりする。
4) ボンクラが利益を上げることも時にはある。
5) 20パーセント下落した銘柄で5パーセントの損失で済んだのなら、それは敗北ではなく勝利である。
6) 最良の防御は最良の攻撃である。
7) ポジションを手仕舞うことは、明日もポジションをとれることを意味する。

投資信託や、注意深く選択されたブルーチップ銘柄（優良株）は、年金などの投資には有効である。しかし、そういった範疇以外の資金にとっては、短期の時間軸がより重要である。

3つの発見

　ここで、私がプロのトレーダーとして成功するうえで重要な転機となった、3つの発見を紹介したいと思う。人生の転機となるような、ドラマチックな発見をすることはそう頻繁にはない。以下に述べることが読者の助けになり啓発となればと思う。

　トレーディングで生活するということは、最初の取引を行ったばかりの初心者トレーダーすべての夢であることは間違いない。完全な独立、完璧な自由、そして莫大な金銭的な見返りといった夢を実現できるのは、ほんのわずか一部であり、大半のトレーダーの希望は燃えつき、夢は浸食されていく。

　13年前、私（当時20歳であった）は、トレーディングに精通したいという欲望に駆られた。当初、私は、将来の株価を決定するすべての情報は、過剰な報酬を受ける会計士と高速プリンターによって作成された、極めて歪んだ財務諸表にあると信じる、厳格なファンダメンタリストであった。長い間、さまざまな比率を見ながら、重箱の隅を突くようなファンダメンタリストにフラストレーションを持っていたが、私は、ようやく、ある企業のことをすべて知ったとしても、その企業の株を、いつ、どのように買ったらよいかはわからないということに気づいたのである。数年間にわたって負け続け、資金が激減した後、私は人生の転機となるような発見をいくつか行った。以下にそれらを示す。

1）私が負け続けたことは、マーケット参加者が正しい銘柄を間違ったタイミングで買ってしまい、すべてを失う可能性があることを明らかにするものであった。これを学ぶ代償は極めて大きかったが、後に、マーケットへのアプローチや考え方

は革新的に変化した。
2）同様に重要な発見は、トレーダーが「間違った」銘柄でも、正しいタイミングで買えば、利益を上げることがあるということだった。不思議なことに、この発見で私の思考は前向きなものとなった。一般的に受け入れられている概念やウォール街における慣行がまやかしであることを認識する契機となった。
3）第1の発見と第2の発見によって、本当はわかっていないにもかかわらず、すべてのマーケット参加者が既に知っていると主張する極めて基本的な原則が理解できた。その原則とは、株価の上昇を招く力は、この世にただ1つだけ存在しており、それは単純に売りを上回る買いが存在するということである。それだけである。良好なファンダメンタルズは確かに株価を上昇させる。しかし良好な経営は株価を上昇させないし、良好な収益も株価を上昇させない。すべての株価上昇の背景にある直接的な力は、売りを上回る買いの存在である。その力に火をつける要因は多数存在するだろうし、数多くの事象が契機となるのだろうが、直接的な力は、売りを上回る買いの存在である。

こうした発見は、微妙な要素をいくつか含んでおり、その潜在的な可能性について十分に注意を払わないと簡単に見すごしてしまうリスクがある。第3の発見は、トレーディングで成功するための鍵が隠されているので、少し、敷衍して説明してみたい。

もし、マーケット参加者のいない休日に、企業が堅調な収益を発表した場合、株価は上昇するだろうか。もちろん、上昇することはない。誰もマーケットに参加する者がいない時には、収益発表は無意味である。これは、収益が株価を上昇させるのではなく、買いが株価を上昇させることを明確に示している。

これが詭弁であると考えるのは容易であるが、その微妙なニュアンスをとらえることができれば、読者の思考経路は革命的に変化するだろう。これらの発見をした後、株価チャートを見て、興味のある銘柄の「買い」の程度がわかることができるようになったのは、当然といえば当然である。チャートを見て買い手が売り手を上回るようになる瞬間を予測できるようになれば、常に財務諸表で頭がいっぱいのマーケット参加者が株価の上昇に気づく前に、その銘柄を買うことができる。

　チャートを使用することによって、他人より早くポジションがとれ、手仕舞えることは、安定的に、その他大勢に勝つことができることを意味する。すぐさま私はそれを実行するようになり、以降は、チャートが買いのサインを出している銘柄はすべて買った。ファンダメンタルズから見れば買いではない時には、特にそうである。なぜか。それはチャートが買いを示唆する一方で、ファンダメンタルズがそうでない場合には、その他大勢が買い始める前に、そう、重箱の隅を突いている人々が何が起こっているかに気づく前にポジションをとれる可能性が高いことを意味するからである。

　株価が上昇している銘柄があまりにも高いPERをつけているにもかかわらず、チャートが買いを示唆していれば、私はその銘柄を買った。収益は関係ないのか。私は、そんなことは気にしなかった。株価が上昇している限り（要するに、買われている限り）、私は飛びこんだ。高水準の債務、異常な受注高・出荷高比率（ブック・ビル・レシオ＝出荷額に対する受注額の割合）、マイナスのキャッシュフローといったものは、それらが株価の上昇を阻害しない限り、耳に心地よい音楽のようなものである。もう1度、前文を読んでほしい。そこにはチャートで成功するための重要な鍵がある。言うまでもなく、私のトレーディングにおいて、これらの見すごされた宝物はかなり重要な地位を占めている。

　簡潔に言おう。財務諸表、他者のアドバイス、噂、超金持ちの社

長による絵空事の収益計画などではなく、株価自体に注目することによって、私は安定的に勝つことができるようになった。26歳の時には、すべての生活費をマーケットから得られる利益でまかなえるようになった。それ以外のことは、もう終わったことだ。

　読者の1人1人に、疑念を捨てて、チャート分析には本質的な意味があるということを認識してもらいたい。旧態依然とした、型にはまったウォール街の人間が何と言おうと、テクニカル分析は機能するのである。私のプロのトレーダーとしてのキャリアと、我々の提供するサービスの正確性が、その生きた証拠となっている。ファンダメンタル分析は一定の価値を有しており、投資判断のうえで、軽視してはならないものではある。しかし、短期のマーケット参加者は、ファンダメンタルズがトレーダーの最も重要な疑問に答えることができないことを理解しなければならない。その疑問とは、「どのタイミングで買うのか」ということである。その企業の経営陣は適切な行動をとっており、また、よい商品を持っており、利益も上昇傾向にあることはわかった。しかし、どのタイミングで買ったらよいのか。「いつ（出動するか）」ではなく、「何（どの銘柄か）」ばかりに目を奪われていては、デイトレーダーとしての成功はおぼつかない。

POINT

　抜かりのないトレーダーは、ウォール街が注目するファンダメンタルズの数値が出る前に株価が動いてしまうことを知っている。それは、マーケットが織り込み機能を有していることにほかならない。マーケットは、2～6ヵ月先に生じるだろうことを、大局的に予測することを試みていると言える。株価の動きを確認するためにファンダメンタルズの数値が出るのを待っているトレーダーは常に数ヵ月出遅れるし、数千ドルをとり損ねる。いくつかのテクニカル分析のルールに基づいてチャートを分析することは、「その企業がよいことはわかった。それで、いつ買うのか」という疑問に答

えることのできる唯一の分析手法である。もし、テクニカル分析はでたらめであり、機能しないと言うような人がいれば、我々のところに連れてきてほしい。あるいは、我々のニューズレターを見せて、こう聞いてほしい。「これをどう説明しますか？ この人たちは、チャート分析に基づいてトレーディングをしているのですよ」。

愛──トレーダーの力の源泉

　米国の偉大な発明家トーマス・エジソンは、「私は一度も仕事をしたことがない。それらはただ楽しかったのである」という有名な台詞を残している。マーケットでのトレーディングにおいても、私は、全く同感である。トレーディングは終わりのない喜びとフラストレーションをもたらすものであるが、リアルタイムのチャートの前に座り、コンピューターの売買執行システムを手にした時が、私が最も生きていると実感できる瞬間であり、時間の経つのも忘れてしまう。

　マーケット環境が厳しくなり、利益を得るチャンスが乏しくなった時でも、目を覚ますたびにわくわくする。トレーディングという名のゲームが時として厳しいのは、美しい花に棘があるようなものである。このゲームは人間に与えられた最も困難な試練である。しかし、その困難さにもかかわらず、私は、全身全霊をかけて、このゲームを愛している。実際、私は、その困難さゆえに、このゲームを愛している。たいていの人々はこのゲームを続けることができない。私は、このゲームに生き残ることによって、ほかの何ものからも感じることができない達成感を感じることができるのである。

　ほかの人々と同様に、私は損が嫌いである。しかし、損失を出した時でさえも、トレーディングに対する愛は、とめどなく湧き出てくるのである。トレーディングに何かを期待するのではなく、純粋にトレーディングを愛することができる人が増えれば、技術が欲にとってかわり、不注意は慎重さと思考力に席を譲り、すべての行動の基礎となるだろう。

　欲深い人々の先を行くための秘密兵器を、私は持っていると確信している。私の秘密兵器とは、トレーディングに対する私の純粋で

混じり気のない愛である。この愛は、ピザや心地のよい昼下がりを愛するというようなレベルの、弱い愛ではない。この愛は、地球上の何者も鎮め、抑えることができない深遠な精神状態を意味する。深いアガペのような愛である。これが私の秘密兵器であり、私は決してこれを手放さない。

　トレーディングに対する愛という秘密兵器は、私が生き残ることを助けるものである。それは、私が大衆よりも生き長らえることを保証するものである。成功への途上でのあらゆる困難を克服することを確実にするものである。マーケットにより、あるいは自らの愚かさによりもたらされるいかなる艱難辛苦（かんなんしんく）も克服する力を与えてくれるものである。繰り返すが、プライドをもって私はトレーディングを愛していると言える。そして、特に困難な時に、私はトレーディングを愛している自分を愛するのである。そうでなかったならば、とうの昔に私は終わっていただろう。私がトレーディングを愛するように、読者がトレーディングを愛することができれば、トレーディングのほうから、読者を愛するようになるかもしれない。トレーディング、あるいはマーケットのほうから愛されるようになれば、人生はバラ色である。

POINT

　多くの哲学者によって、愛は人間の偉大な力であるとみなされてきた。子供に惜しみのない愛を与えれば、彼らは力強く成長し、崇高な精神を築き、成功裏に、そして力強く明るい未来へと導かれるのである。愛が配偶者や自らの職業に向けられれば、目覚めるたびに成功への温かい激励を受けるのである。人生、あるいは世界は愛の力に従っていると確信している。愛に満ちあふれ、それを惜しみなく使う人に対する報酬は非常に大きい。意識の高いトレーダーがトレーディングという名の芸術を愛することができれば、障害となるものは何もないと確信している。トレーダーが純粋にトレーディングを愛する時、損失は何ら障害とならない。困難は、より容

易に克服される。調整や危機の時期は絶好のチャンスであり、さらなる高みを目指すきっかけとなるものである。トレーダーにとっても、愛は強力なものである。この愛に関する記述がトレーディングに関する書物として不適当であると思うならば、次のテストを行ってみてほしい。成功しているトレーダーで、トレーディングが嫌いであるという人を探してみてほしい。信じられないほどの鋭さでマーケットに参加しているにもかかわらず、自分の能力を軽蔑しているという人を探してみてほしい。地球上のどこを探しても、そんな人は1人もいない。偶然はあり得ないのである。今日、人々の夢を上回るような利益を上げられる才能を有しているトレーダーは皆、心の底からトレーディングを愛していると言うだろう。問題は、今現在、彼らが勝っているからトレーディングを愛しているのかということである。あるいは、彼らが勝って生き残っている理由が、トレーディングを愛しているおかげであり、トレーディングを愛さない者が脱落していったからなのかということである。私は、本書を執筆しながら、後者であることに賭ける。トレーディングを愛するよう努力してほしい。

トレーダーと占い師

　快適と確実を求めるのは人間のもって生まれた習性である。それを欲し、崇拝し、追い求めるようにできている。人生の大半は、快適と確実を目指して爪を嚙み、もがき苦しんでいるのである。

　例えば、我々は自分や子供に学歴をつけさせようと思うものであるが、この行為をもう少し注意深く見れば、それは確実に対する欲求にほかならない。通常、教育それ自体を目的としては見ていない。むしろ、目的に達するための手段であり、その目的とは、安心であり、安全であり、確実である。嫌な仕事、厳しい労働に長時間耐えられるのは、確実を求めているからではないだろうか。

　あるいは、そんなに愛してもいない男性と結婚する女性が（結婚式の場で）「この男性を愛します」という、あの有名な言葉を口にする時はどうだろうか。我々の行うほとんどすべての行為は、何らかのかたちで、安心、安全、そして確実を求める欲求に関連しているのではないか。しかし、おもしろいことに確実を得ることは生涯あり得ない。鏡に映った人生のようなマーケットに目を向ければ、それはいっそう真実味を帯びる。確実は作り話に基づいたものであるというのが本当のところだろう。

　それはなぜか？　と読者は問うだろう。それは、未来が完全に既知のものとなった時に、確実が生を得るからである。我々は人間として、トレーダーとして、未来を完全に予見する才を与えられていないことは言うまでもない。もちろん、明日のことを予想することはできるし、時には、それが正しいこともある。しかし、それが正しいと確信を持つことはできない。

　したがって、ある意味では、確実を捜し求める行為は普遍的に失望とフラストレーションを招く無駄な努力であると言える。マーケ

ットにおいて確実を求めるトレーダーはあまりにも多く、それは失望とフラストレーションから情報提供サービスを頻繁に替える者の多さに表れている。あるカリスマから別のカリスマへという具合である。こうした幼稚な人々は、トレーダーになろうというのではなく、密かに占い師にでもなろうと思っているのである。正しい結果が生じる確率を評価することだけができるということが、彼らには認識できていない。それだけのことである。彼らは決して認識することはないだろうし、彼らにとってはそれでもよいのだろう。

POINT

　確実を求める欲求は、多くのトレーダーがはまり続ける罠である。しかし、生涯あるいは株式市場において、確実を得ることはあり得ないことを認識すべきである。すべてのトレーダーは未来を予見することは不可能であると認識すべきである。この真実を受け入れることができれば、トレーダーは間違いなく大きく前進する。確実を追い求めることは非常に重荷だからである。それは終わりがなく、間断なく続く成果の出ない行為である。不思議なことに、確実を達成することができれば、精神は明白になり、落ち着きを得られるものと信じられている。しかし、逆説的ではあるが、確実を達成することができないと認識した時に、精神は落ち着きを得られるのである。確実は決して達成することができない作り話である。明日を「予見」することは不可能である。明日生じるだろう事象の確率を評価するために、いくつかの手段と技術を得ることができるだけである。それが唯一の手段である。確率の高い行動を追い求めることができれば、プロのトレーダーへの道は開けるだろう。確実を追い求めれば、失敗と失望と落胆に満ちた未来が待っている。確実ではなく、高い確率を模索すべきである。

第2章
優れたトレーダーへの精神修行
トレーディング行動を修正する鍵

ギャンブルかトレーディングか

　トレーディングは人間が最も興奮する行動の１つである。毎日、毎時、そして株価が変動するたびに、アクティブなマーケット参加者の懐具合は劇的に増減する。勝つ時には急激かつ大幅に勝つこともあるが、負ける時には十分な注意を払わないと、一瞬のうちにマーケットから退場させられる可能性がある。しかも、永久に、である。永続的な富を短期間に築くことができる可能性は、経済的な破滅のという妙に刺激的な可能性と相まって、プロのトレーダーという存在にある種の憧憬のイメージを与えている。しかし、この高水準を要求される職業を目指す者のほとんどは失敗する。そして、その失敗は悲惨なものである。この厳しく冷たい現実には、いくつかの要因がある。ここで、その中でも最も影響力の大きい要因を指摘しよう。

　トレーディングの初心者が失敗する要因は「ギャンブル」と「職業としてのトレーディング」を区別できないことである。企業が「予想通りの」良好な収益発表を行う直前にポジションを積み上げてみたり、高速で下落している株を買ってみたりすることは、ナンセンスなギャンブルに相当する行動である。こうした「無分別な」アプローチも、時には大きな利益を生むかもしれないが、それは束の間の娯楽としての価値しかなく、知的なアプローチとは言えない。そうした行動をとる者は知的な、かつ十分に検討を重ねたうえでのアプローチをとる資格がない。娯楽を求めるならば、映画に行くほうが無難で、また安上がりである。マーケットで安定的に利益を上げたいならば、職業としての、かつ十分に規律のとれた手段によらなければならない。

　我々がニューズレターで紹介する銘柄について、非常に詳細なト

レーディング戦略を提供する理由はここにある。我々は当てずっぽうや勘といったものには頼らずに、①ポジションの適切なとり方、②ポジションの適切な管理法、そして、もちろん、③ポジションの適切な手仕舞い方に全面的に依拠している。マーケットに対して、このような知的かつ十分に検討されたアプローチをとった場合、1つ1つの行動は「ギャンブル」の興奮を欠くかもしれない。しかし、プロのトレーダーとして、明日も来年も10年後もトレーディングを続けられることが確約される。

賢いトレーディングには計画を実行することも含まれる。ギャンブルは自分が正しいことを期待して買って売ること以外の何物でもない。したがって、賢くトレーディングをすることが何よりも重要である。次に述べることを決して忘れてはならない。勝つためには、生き残らなければならない。賢く取引すれば生き残り、ギャンブルをすれば死ぬのである。すべてのトレーダーは何がトレーディングで何がギャンブルかを認識しなければならない。

POINT

大きく儲けたいという欲望、換言すればギャンブルは、初心者トレーダーの代名詞のようなものである。プロのトレーダーは、結局のところ、短期トレーディングが1/8から1/4、時には1/4から1/2の確率のゲームであることを明確に認識している。考えてみてほしい。マーケット・メーカーはウォール街でも最も優れたプレーヤーである。いかなる時も彼らは数千万ドルの資金を自由にできる。彼らの属する証券会社や投資銀行は巨大で影響力があり、とてつもない力を持っている。真の意味で、最高のトレーダーはウォール街なのである。彼らがゲームの巨人であり、支配者である。結果として、彼らは永久に金融界の食物連鎖で最高位にある。マーケット・メーカーは真のプロである。彼らの唯一の目的が何であるか分かるだろうか。彼らのゴールは、トレーディングのすべての瞬間において彼らが取引する銘柄のスプレッド（買値と売値の差）、そう、鞘をとることに尽

きるのである。もう1度、前文を読み返してほしい。そこには短期トレーディングで成功するための鍵が含まれている。巨額の富を操る金融界の支配者ともいうべき、巨大で力のあるウォール街のマーケット・メーカーは、ただ1つのものを追い求めているのである。スプレッドである。彼らはアマゾンの40ドルの値上がりを求めているのではない。アメリカ・オンラインの4ドルの上昇を追い求めているのでもない。彼らはギャンブラーではない。彼らは最高位のプロのトレーダーであり、彼らの唯一の目的は鞘をとることなのである。ここには非常に強烈なメッセージが含まれている。このメッセージを理解できた者は、トレーディングというゲームに隠された、最もわかりにくい真実を理解することになる。初心者は時折幸運にも大幅な利益を上げることができるかもしれないが、真のプロは小さいが確実な利益を追い求めるのである。真のプロはそれを何千回も何万回も手にするのである。技術のない初心者は1回の大幅な利益を得ることを唯一の目的としている。計画を立てることができずに、目標に達することができないことが続けば、よりよいトレーディングは宝くじ銘柄を買うようなものであると考えるようになる。ウォール街の優れたトレーダーは宝くじ銘柄を買うことはないし、それに期待することもない。そういった銘柄を初心者に売りつけるのである。要は、トレーディングをすべきであって、ギャンブルをしてはならないということだ。

勝ちは常に勝ちではないし、負けは常に負けではない

　利益は、取引が健全であること、あるいは正しかったことの証となるのだろうか。取引で損失を被った場合はすべて、その取引が間違っていたとみなさなければならないのだろうか。この２つの疑問に対する答えは絶対にノーである。

　ある特定の取引の結果から、その手法あるいは取引における判断の正しさが判明するものではない。この事実を理解することのできない多くのトレーダーは、常にある手法から別の手法へ目が移り、自らのトレーディング手法を常に変更している。結果的に何ら専門的な知識を習得することができないでいる。コイン投げでも時には当たることがあるということを認識できないトレーダーはあまりにも多い。

　時には勝てるとしても、「表が出れば買い、裏が出れば売り」という戦略は決して健全な手法ではない。ここで言いたいことは、実世界においては、いかに戦略が健全であり、現実的なものであっても、すべての取引で勝てはしないということである。トレーディング手法には何ら問題がなくても結果は損失ということもあり得る。逆に、アプローチに問題があっても勝つことはある。

　プロは、個別の取引が適切に執行されること（待ちの時間、ポジションをとるタイミング、余資の管理、手仕舞いなど）に集中している限り、自然と勝ちはついてくることを理解している。ある取引の結果をもって特定のトレーディング手法が健全かどうかは判断せず、少なくとも10回の取引をもって判断すべきだろう。ポジションをとる前に、これが「生涯にわたる」トレーディングの１つにすぎないということを確認すべきである。したがって、今回勝って次回

負けようが、大きな枠組みの中では大差ないということである。恐怖が生じるとか、機会損失してしまうとか、最終的には精神異常になるのではないかとか、個別の取引の結果にいちいち悩んでいるのなら、この認識によってトレーダーは精神的に救われるだろう。

POINT

　プロのトレーダーになることは生涯終わることのない道程であると認識すべきである。こうした心構えをもったトレーダーは、1回1回の取引を生涯にわたる取引の中の些細な部分にすぎないとみなす。結果が利益だろうと損失だろうと、その取引自体についてはとるに足らないものであると認識するのである。こうしたアプローチをとることにより、トレーディングの意思決定に際して初心者が感じがちな取引ごとのプレッシャーが大幅に軽減される。そして、精神的な安定と明白な意識を醸成することにより、1回1回の行動の独立性、および知的な意思決定が促されるのである。しかし、ここでのメインテーマは、1回ごとの取引によって自分がどの位置にいるのか、自分のレベルがどの程度のものなのかを知ることはできないということである。このことを、トレーダーは完全に理解しなければならない。自分の真のレベルがわかるのは相当数の取引を実行した後である。敗者は時には宝くじに当たり、王様にでもなった気分になる。勝者も時には大きく負けて、短期的には偉大さを誇示できなくなる。しかし、10回から20回の取引を行えば、真実と虚偽の区別がついてくるものである。相当数の取引を実施してはじめて、小麦と雑草の区別がつき、真の勝者が王者としてのあるべき地位に君臨するのである。1回のみの取引で成功か失敗かを判断することはできない。10回の取引を終了した時点で成績表をつけてみてほしい。我々を信じてほしい。10回から20回の連続する取引が終了した時点で自分の位置、レベルがわかるようになる。真実は10回の取引によって判明するということを忘れないでほしい。

大衆は長期にわたって勝ち続けることはできない

　マーケットの混乱期には、我々が普段接触しているリテール顧客相手のブローカーの多くは、彼らの顧客の個人投資家がマーケットから脱落していく時期を教えてくれる。これが生じた時には、その直近の株価下落が大底に近づいていることの力強い証拠となる。

　株式市場には、株価が底を入れて切り返す前に「弱者」を「振り落とす」という固有の傾向がある。フラストレーションの蓄積度合い、あるいは高揚した陶酔感（ユーフォリア）の度合いは、実は、優れたトレーダーがマーケットの天底をピンポイントで指摘するためのバロメーターとなる。そして、これらのバロメーターは極めて有用である。その理由を考えてみれば、納得がいくと思う。

　金融市場は大多数に利益を与えるようにはできておらず、その結果、株価が調整される際に、典型的な投資家（多数派）が駆逐される一方で、優れたトレーダー（明らかに少数派）は生き残り、株価が最終的に上昇に転じる時に十分な仕込みができるのである。プロは平均的な投資家を間違ったサイドに追いこむことに秀でている。初心者が買いたい時はプロが売りたい時なのである。初心者がもう駄目だと思って売りに回る時に、プロは初心者から積極的に買いとって、初心者の苦しみをやわらげるのである。

　問題は「読者がこの壮大な喜劇のどちらのサイドにいるのか」ということである。ゲームが自分に有利に展開し始めようとする時に降参する、悲しい、操作されるグループにいるのか、あるいは反対か。能力のある者だけが生き残ることができる。そして、生き残らなければ、成功することができないことも明らかである。生き残るために精一杯取り組んでほしい。それは成功するための必要条件である。環境が厳しくなった時には、勝者の環境も厳しいのである。

このゲームに勝つためには、ゲームに参加し続けなければならない。今度やめたくなった時には、「この喜劇での自分の役割は何なのだろうか」と自問してみるとよい。その結果、精神が明白になり、正しい解答が得られることだろう。

POINT

　トレーディングというゲームは、少数派と多数派の、優れた者と無知な者の、そして持てる者と持たざる者の間の恒常的な戦いである。ほとんどの場合、持てる者、少数派、そして知識のある者が勝つということを十分に理解しなければならない。マーケットはそのように作られているのである。成功するためには、勝ち組に入らなければならない。しかし、現実には、多数を占める敗者のグループから少数派の勝ち組に鞍替えできる者はほとんどいない。先に述べた通り、マーケットは多数派に報いるようには作られていないのである。多数派の存在意義、あるいは多数派がゲームに参加できる理由は、神や勝者への供物（恒常的な利益）である。以下の各章で示す比喩はマーケットの仕組みを明らかにするものである。

バンドワゴン効果——マーケットの仕組みを垣間見る

　バンドワゴン（楽隊車）が賑やかに進んで行く様子を思い浮かべてほしい。耳に心地よい音楽がバンドワゴンのスピーカーから流れてきてはいるが、バンドワゴンの後ろについて思う存分楽しんで盛り上がっているのはごく少数の人々である。音楽は大きな音で鮮明に鳴り響き、沿道にいる傍観者たちを次第に引きつけて行く。こうした傍観者たちは甘い音楽に抗することができず、盛り上がっているように見えるパーティーに飛びこんで行く。

　傍観者たちが次々とバンドワゴンの後ろに参加していくなかで、当初パーティーの始まりを楽しんでいた人々は離れて行く。後からパーティーに参加してくる人々が増えてくるに従って、バンドワゴンは同じペースで前に進むことが困難になってくる。バンドワゴンの進行速度は徐々に遅くなり、陽気な騒ぎを見物していた傍観者のさらなる参加を可能にする。群衆はさらに大きくなる。酔っ払った群衆に囲まれてバンドワゴンが前に進めなくなるまで群衆は拡大を続ける。やがてバンドワゴンは完全に停止する。バンドワゴンが全く動かなくなると、さらに群衆が膨らんでいく。それも当然である。この時点でパーティーに参加することは極めて容易である。パーティーに加わろうとする人々はもはやバンドワゴンに飛び乗る必要もなく、何の苦労も要しない。

　しかし、バンドワゴンの本分は前に進むことである。停止しているバンドワゴンは不自然なものであり、したがって、その状態は長続きするものではない。バンドワゴンは前に進もうとするが、進むことができない。バンドワゴンの後ろに群がる群衆の数があまりにも多すぎる。バンドワゴンは何とかこの重荷を振り払わなければな

らない。そう、バンドワゴンはバックし、数人をなぎ倒すのである。音楽が鳴り止む。群衆の中に困惑した顔が見える。何が起こっているのかがわからぬうちに、再びバンドワゴンは先ほどよりも乱暴にバックする。さらに多くの人々が放り出される。そして、現実が目の当たりになる。

　突如として饗宴は悪夢に変わり、パニックが生じる。ある者はバンドワゴンから飛び降りて死んでしまう。さらにバンドワゴンがバックすると、酔っ払って足許のおぼつかない人々が地面に投げつけられる。この時点で、わずかな、熱狂的なバンドワゴンのファンのみがつかまっている。彼らの命は非常に細い糸にかかっている。完全に自由になることができないまま、バンドワゴンはアクセルを全開にする。この最後のバックはあまりにも荒々しく、最後までバンドワゴンにしがみついていた人々は振り落とされ、地面に叩きつけられ重症を負ってしまう。

　この時点で、新たな傍観者の一群がどこからともなく現れる。彼らは酔っ払っておらず、平静である。彼らの一挙手一投足は、今しがたの惨劇に関わっていなかったためか、力強く、はっきりとしたものである。彼らは誰なのか。その新しく見える一群は決して新しい顔ぶれなのではなかった。その一群はパーティーが荒れ狂う前に静かにその場を離れていった人々だったのである。倒れている傍観者たちは、さらに衝撃的な事実を知る。彼らはパーティーの最初の頃に参加していただけではなく、パーティーを始めた人々であったのである。「何ということだ」と誰かが叫ぶ。振り落とされ、自由に動くこともままならない人々は、ゲームの達人が再び仕事にとりかかるのをただただ眺めるばかりである。

　これらのプロの一群はバンドワゴンに向かって駆け出していく。一瞬のうちに彼らはバンドワゴンに飛び乗る。あまりにも簡単なことである。群衆を振り払ったバンドワゴンは、自由に優雅に心地よく前進することができる。その速度は徐々に加速し、すぐにスムー

ズなペースを取り戻すのである。誰にも邪魔されずに数マイルを走ると、これらの達人の中の誰かがスイッチを入れる。すると、再び楽しげな音楽が大音量で流れ出すのである。誰かが「さあ、やるぞ。また奴らがやって来るぞ。もう１回やってやろう」と叫ぶ。間もなく、先ほどの惨劇の被害者たちが再び興味を持ち始める。音楽は墓場へと彼らを招いているようでもある。そして、終わりのない循環が再び始まるのである。

POINT

　この寓話のアナロジーをすべて理解することができれば、本書の値段の数倍は価値がある。そのメッセージを聞き、そのメタファーに隠された真の知恵を理解できたならば、より深い洞察を得て、達人の域に近づくことができる。一言一句を読みくだくことによって、マーケットの機能に関する深い洞察、そして、いかにウォール街の賢人たちが利益を操作しているかが理解できるだろう。先に述べたように、本書の目的は大集団の中の初心者を少数の成功者へと変身させることである。その変身を遂げることができなければ、持てる者たちに弄ばれる玩具となるだけである。そして、ゲームを続ける意欲を失い、持てる者たちに奉仕できなくなれば、彼らにより破産させられ、排除され、失意に打ちのめされるのである。そんなことを我が身の上に生じさせてはならない。トレーディングというゲームに関する真理は今しがた説明したバンドワゴン理論に含まれている。もう１回、読んでみてほしい。読者の将来がそこにかかっているかもしれない。

お金がすべてではない

　オスカー・ワイルドは「若かった頃には、お金が最も大事なものであると思っていた。今、齢をとって、まさにそうであることがわかった」と記している。デイトレーダーにとって、この言葉に勝る真実はない。マーケット参加者としての究極の成功は儲ける能力によって決定されるのである。真の意味で、お金が最も重要なのである。

　しかし、お金は大事ではあるが、すべてではない。例えば、損失を被っている取引自体が本質的に、間違った戦略を意味するものではない。現実の世界に生きていることを決して忘れてはならない。そして、現実の世界では、最も健全な戦略であっても、必ずしもうまくいかない時もあることを忘れてはならない。時折生じる損失は、ある特定のアプローチの全体的な有効性を検証するに足る根拠とはならない。1回の損失は、マーケットの状況が悪いこと、あるいは確率の突然の変化、予期せぬニュース、ポジションをとるのが遅れたこと、あるいはポジションを早く手仕舞い過ぎたこと、執行のミス等々の結果であるかもしれない。

　ある特定の戦略の有効性を検証する場合、最低10回以上の取引の結果を見なければならない。願わくば、異なるマーケット環境で、10回や12回の取引を行ったうえでのトータルの収益がプラスであれば、その戦略に芽はあると見てよいだろう。逆に、トータルの収益がマイナスであった場合、その戦略が無効であるとの結論を出してよいのだろうか。25年間の経験から、我々は次のように認識している。アプローチなり戦略なりが正しければ、自然に儲かるものである。自らの技術に集中すべきである。そうすれば、お金は後からついてくる。

POINT

　トレーダーが損失を被った場合、それが間違った戦略によるものなのか、あるいは、戦略を間違って適用したことによるものなのかを区別しなければならない。トレーダーがこれを適切に実行できない場合、彼は永遠に自分の影を追い続けることになる。1つのアプローチが効果を発揮する前に別のアプローチに目移りするトレーダーに進歩はない。特定の戦略に関する見方は利益の程度によって影響を受けてはならない。この意味でマネーがすべてではないのである。なぜならば、非常に稚拙な戦略であっても、しばらくの間は利益を上げることもあるからである。逆に、非常に健全な戦略であっても損失を被ることはある。しかし、時間の経過に耐え得るのは健全な戦略のみであり、我々にとっては、その時間の経過は10回の取引を単位とするものである。10回の取引を行っても、その戦略で利益が上がらなければ、その時に初めて戦略に疑問を持ってもよいのではないか。前述した通り、10回の取引で、ある程度の結果は見える。これを忘れないでほしい。

疑問を持つことの危険性

　マーケットの参加者が「株式市場は複雑でわかりにくい」と発言するのを聞くにつれ、私は笑いたくなってしまう。こういった認識を我々は持ったことがないし、読者も持ってはならない。株式市場は本当のところは極めて単純に機能しているのである。ほとんどの人は最初は賛成しないかもしれないが、少し考えれば、これは否定できない真実であることがわかるだろう。次の事象を考えてみてほしい。株価、そう、マーケットには、次の3つの現象しか生じないのである。

　1）上昇
　2）下落
　3）横這い

　それだけである。これがすべての株価がとりうる選択肢である。上昇、下落、横這いである。何とも単純ではないか。しかし、「単純」であることは「容易」であることと同義ではない。トレーディングが「容易」だと考えるのは大間違いである。もしトレーディングが容易であるならば、皆が金銭的に自立することができる。トレーディングは決して容易ではないが、トレーディングの機能は比較的単純である。あまりにも単純であるがゆえに重要性を看過してしまう、あるいは無視してしまう。もう1つの根本的な真実を考えてみてほしい。

真実――買いが売りを上回る場合、株価（あるいはマーケット）は上昇するしかない。

もちろん、売りが買いを上回る場合、株価（あるいはマーケット）は下落するしかないということである。「でも、それは自明なことではないのか」と読者は思うだろう。しかし、この認識が、聞こえほど確かなものであるかは疑問である。特に、毎日、以下に示すような疑問を聞いていればなおさらである。

質問：今、インテルを売っているのですが、株価が上がっています。なぜでしょうか？
回答：この瞬間では、インテルを買いたい人のほうが、売りたい人よりも多いからです。
質問：それはわかるけど、なぜ？
回答：インテルに関して、悪いニュースが今朝流れましたね。しかし、この悪材料にもかかわらず、株価は上昇している。この意味することはただ１つ。悪材料は無視されており、買い手（需要）が売り手（供給）を上回っているということです。我々の考えでは、あなたのとるべき行動は１つだけです。「理由」に何の意味があるのですか。３ドルの損失は、３ドルの損失以外の何物でもありません。違いますか。

　この最後のポイントは別の論点を含んでいる。「何」ではなく、「なぜ」を追い求めている時には、極めて困難な状況に陥りつつある。株価が「何」をしているかは「なぜ」そうなっているかよりもよほど重要である。「なぜ」は常に株価に織り込まれている。要するに、チャートはすべてを物語るということである。株価がなぜ上昇するのかについては無限の説明がある。それはファンダメンタリストに聞けばよいことである。テクニカル分析を用いる者として、株価が上昇しており、自分がそれに乗っていればよいのである。つまるところ、利益が出ればよいのである。

POINT

　トレーディングの最中に「なぜ」を問うことは、自らが悩み、そしておそらくは困惑し、結果として行動をとることができないという罠にはまっている兆候である。その意味で、「なぜ」は危険なものである。我々は社内のトレーダーが「なぜ」と言い始めたら、そのポジションを即座に半分にさせる。それでも「なぜ」が消えない場合、残りのポジションを手仕舞わせる。そして、彼に次のように言うのである。「さあ、好きなだけ『なぜ』を問いかけるがよい」。我々がそうするのは、戦場は戦術に疑問を持つ場所ではないからである。疑問を持ち出した瞬間が退場の瞬間なのである。「なぜ」を追い求めること、理由を探し回ることは、自分が負けたこと、そして、自分の行動に責任を持てなくなったことを意味する。「なぜ」を問いかけるべきは、取引を開始する前、あるいは取引が終了した後である。戦いのまっただ中にいる時、とるべき選択肢は行動であり、疑問ではない。前もって理由を考えておくか、あるいは安全な位置に戻ってから理由を考えればよいのである。狙撃手の弾丸を一身に受けることが趣味だというなら話は別だが、戦場で疑問を持つことは危険である。

正確さが弱点となる場合

　米国で最も人気があり、48ヵ国での購読者がいるニューズレターの編集者として、我々は、文字通り、すべての経験をしてきたと信じてきた。我々がすべてと言う時、本当にありとあらゆるものを意味していた。しかし、つい最近、この認識が大きな誤りであることが示された。

　98年12月のある寒い朝、1週間ほどトライアルでニューズレターを購読していた読者から電話があった。我々の推奨銘柄は過去5日間にわたって堅調なパフォーマンスを示しており、その読者もその事実を認識していた。しかし、不思議なことに、彼にとって、そのパフォーマンスが問題だったのである。彼は、損失を招くような投資情報誌を探していたのであった。彼は、はっきりと次のように言ったのである。「過去5日間、貴社のニューズレターを拝見しておりました。貴社は、間違うことよりも正しいことのほうが圧倒的に多い。しかし、私にとっては、これは全く意味のないことです。私は、下落する銘柄を推奨するニューズレターを探しているのです。貴社の推奨銘柄は下落しません。上昇してしまうのです」。

　私はあっけにとられて物が言えなかった。私はグレッグに「どう思う」と聞いた。「我々の正確性が気に入らないようだ」。我々は腹を抱えて大笑いした。しかし、それは最初の反応にすぎなかった。すぐに、より深い認識が芽生えてきて、我々は笑うのをやめた。この読者は、下落する銘柄を買うことによってのみ利益を上げることができるという、非常に一般的な観念にとらわれているのであった。我々の推奨銘柄が上昇することは、彼にとって何の意味もなかったのである。彼は観念に心を奪われているのであって、結果に対しては無関心だった。そう思うと、今までいろいろな意味で罪を犯して

きたのではないかと感じられてきた。ある銘柄の上昇ペースが急激すぎるという理由で売りに転じて失敗した例は枚挙に暇がない。私がたった今笑い飛ばした出来事は同じことではないか。まさに、そうだ。それは、単に方向が逆であるだけである。

　要するに、アイデアやトレーディングの考え方にはそれなりの意味があるが、最終的には結果がすべてであるということである。時には、我々のアイデアがあまりにも素晴らしく、我々の目的が賢くあることでも楽しむことでも正しいことでもなく、単純に儲けることであるということを忘れがちになることがある。お金がすべてではないと前述したし、それは真実である。しかし、自分のアイデアを気に入ったとして、10回程度の取引を経た時点で利益を上げていないならば、別のアイデアに転じるか、トレーディングをやめるべきである。トレーディングをやめて、ブリッジやドミノや哲学に興じるほうが安上がりである。

POINT

　前節で述べたようにお金がすべてではない。しかし、ある時点においてお金がすべてとなる時が来るのである。トレーディングに関する考え方や戦術、技術について、最初の10回の取引を終えるまでは何ら結論を出すべきではない。しかし、10回以上の取引を経た後は、その考え方について詳細な検討を加えるべきである。つまるところ、儲けるためにトレーディングをしているのであって、アイデアを絞り出すためにトレーディングをしているのではない。自らのアイデアに心酔してしまった場合、そのアプローチに疑問を持つ、あるいは変更をする、さらにはそのアプローチを放棄しなければならないような兆候を無視してしまうリスクを負うことになる。プロのトレーダーとして、アイデアや見栄えのよい観念に忠誠を尽くす必要はない。最終的には、唯一意味のあるものに忠誠を尽くすべきである。それはお金である。

ポジションのとり方でトレーディングの8割は決まる

　トレーダーとしての成功は種々の要因の影響を受ける。それらの要因をすべて克服しなければならないのであるが、プロのトレーダーとしての経験から、ポジションのとり方がトレーディングの8割を占めると私は確信している。トレーディングの鍵はいかに売るかであるという見方があることも重々承知している。しかし、私の経験から、そうした見方には賛成しかねる。トレーダーとして抱える問題の大半はポジションをとるタイミングの悪さに起因するものがほとんどである。不適切なポジションのとり方をすることにより、勝てる取引を負けにしてしまうことがあり得る。逆に、あまり健全ではない取引でも、ポジションをとる水準とタイミングさえよければ、勝てることもある。

　短期トレーディングはポジションのとり方が基本となる。適切な水準とタイミングでポジションをとれば、数分以内に（時には数時間以内に）利益が出る可能性が高い。間違ったタイミングで、そして高過ぎる水準でポジションをとれば、瞬時のうちに含み損を抱えることになる。すべての取引の結果は1つの要因によって決定される。つまり、いつ、どの水準でポジションをとるか、換言すれば、いつ引き金を引くかである。

　むしろ、この重要な点を無視していながら、プロの投資家たちが何とかなっているということが驚きである。大手の投資銀行が「買い」推奨をするのを耳にすることは数限りない。しかし、それが意味するところは正確には何なのだろうか。彼らは何をすべきかは言うが、いつすべきかを言わないのである。利益は、いつ、彼らの推奨に従って買うかにかかっているのであり、買うこと自体にかかっ

ているのではないのである。

　「何」をするか（買うか、売るか、様子見か）を知ることは意味のあることである。しかし、その「何」を「いつ」するかを知ることが成功へとつながるのである。ポジションのとり方に習熟すれば、利益が上がっている時のポジションの手仕舞い方を、それほど気に留める必要もなくなる。

> **POINT**
>
> 　トレーディングに習熟する秘訣は売りのタイミングを知ることであるというのが、ウォール街で一般的に受け入れられている原則である。この観念を根底から覆すことはできない。しかし、我々は、適切にポジションをとることがどの時点で手仕舞うかという問題を大幅に軽減すると確信している。すべてのトレーダーは最終的には、最良の取引はポジションをとった瞬間に利益が出ているものであることを認識する。ポジションをとった瞬間から何の苦痛も生じないのである。買った瞬間に下落する銘柄と、買った瞬間に暴騰する銘柄の違いは何だろうか。その違いは単にポジションのとり方に起因するのである。ポジションのとり方が適切だった取引は非常に行儀のよい子供のようなものである。つまり、期待通りの行動を期待通りのタイミングでとってくれて、指示に従ってくれるのである。ポジションのとり方が適切であった取引を手仕舞うことは極めて容易である。なぜならば、「いつ、銀行へ行けばよいか」だけを気にすればよいからである。これは、「この取引で銀行に行くことはあるのだろうか」とか、「このポジションを手仕舞うべきなのだろうか」といった懸念とは大いに異なるものである。前者は勝者の懸念であり、後の２つは敗者や犠牲者の疑念である。ポジションのとり方が適切であれば、勝者の懸念を抱くことが多くなる。確かに、いつ、ポジションを手仕舞うかを知ることは重要であるが、いつ、どのようにポジションをとるかのほうがはるかに重要である。

認知が現実となる

　トレーディングの現実、そう、マーケット参加者が経験することの大部分は、必ずしもマーケットで起こることによって決まっているわけではなく、自らのマーケットの理解によって決定されている。換言すれば、我々の成果はマーケットの現実によって決まるものではない。我々の成果を決定するのはマーケットの現実の解釈であり、それに対する反応なのである。この認識は実践的というよりは哲学的ではあるが、我々のトレーディングにおいては極めて有益であった。ここで、マーケット全体の特性について考えてみよう。

　マーケット自体は一定の量のスープであるといえる。それ自体には何の指針も方向性も規律もない。優れたトレーダーがマーケットに規律をもたらさなければならないのである。規律は、マーケットの責任ではなく、我々の責任なのである。換言すれば、マーケット自体は我々の生活あるいは成果に影響を与えることはできない。それらに影響を与えるのは我々のマーケットに対する反応であり、我々の反応は我々の理解に依存するのである。この見方は、本来あるべきところ、つまり、我々自身に責任の所在を求めるものである。

　「マーケットには、よくしてもらっているかい？」というような質問をされたことがないだろうか。まるでマーケットが敵味方を判断できるような言い草ではないか。あるべき質問は、「あなたはマーケットによくしてやっているか？　マーケットに適切に対応しているか？」というものだろう。マーケットの被害者というものは存在しないのである。確かに、マーケットに関して間違った解釈や誤った見通しにより、損失を被ったり痛みを感じることはある。しかし、その解釈の責任は自らにある。少なくとも、その解釈を認めたということである。

> **POINT**

　マーケットは人生を鏡に写したようなものである。人生を成功に導くような要因がマーケットでも成功をもたらすのはこうした理由による。人生、あるいは人生における出来事の大半は我々の認識によるものである。この見方を敷衍するために、米国について概観してみよう。

　後ろ向きな認知――この豊かな国に住む人が欠乏感や失望、失敗ばかりを味わってきたとしよう。その結果、彼の目に入るものはすべて暗く否定的で彼の悲惨な経験を追認させるばかりである。人生は自らの認知を映し出して見せる鏡であり、自らが作り上げ、そして今後も作り続けていく認知を反映しているものである。1つ1つの行動が不幸へとつながるのは驚くことでもない。

　前向きな認知――逆に、このチャンスに満ちあふれた国に着いたばかりの人がいる。彼の周りの状況は先に示した人とほぼ同一であるが、彼の見方や状況への反応は異なるものである。チャンスに満ちあふれた米国で、彼は外国人として自分の常識がそう長続きするものではないことを知っている。「なぜ、人生はこんなに私に厳しいんだ？」と問う代わりに、「どのようにしたら、人生をよりよくできるのだろうか？　それも今すぐ」と問うのである。絶望ではなく、可能性、チャンスを見るのである。自らを犠牲者としてとらえずに、自らをコントロールし、主体的に生きるのである。彼にとっての人生は、彼の見方に沿うように変貌し始めざるを得ないとも言えるだろう。なぜだろうか。それは人生が我々自身の考え方、反応、見方を反映する鏡のようなものだからである。マーケットも同じである。

　マーケットにおける鏡の効果――ここまで人生一般における鏡の効果について述べてきたが、マーケットにも同じような鏡の効果がある。常に負けているトレーダーは、マーケットを怒れる存在として、そう、乗り越え、なだめすかし、征服しなければならない対象としてみる。敗者の心の中では、マーケットが彼を捕らえようとしているように感じられるのである。最も警戒しなければならない敵としての位置づけである。鏡としてのマー

ケットはその認識をありとあらゆる面で反映するのである。換言すれば、負けているトレーダーのマーケットに関する認識は、負けにふさわしい程度のものなのである。逆に、勝者は全く違う目でマーケットを見る。勝者にとって、マーケットは友人である。マーケットの存在意義は、彼に仕え、彼に報いることである。勝者はマーケットを血に飢えた悪魔とはみない。むしろ、自らの夢を実現する場所、あるいは日を追うごとに自らの生活をよくしていく場所とみなしている。勝者にとって、マーケットはチャンスと富と繁栄をもたらす友人であり、パートナーであり、兄弟である。あまりに哲学的に聞こえたかもしれないが、マーケットについて健全で友好的な認識を持つことにより、我々のトレーディングがどれほど助けられたことだろうか。人生そのものと同じように、トレーディングはすべからく認識にかかっているのである。正しい認識を持てば勝つことができる。間違った認識を持てば非常な痛みを伴って負ける。自らが正しいと思った認識通りの結果を最終的には得るのである。マーケットを友人とみなし、自らの意識をそれに合わせるようにしてはどうか。そうすることによって、力を得るのである。

　最後に一言述べておきたい。我々の生徒で、2年間でトレーディングを完璧に習得した生徒がいた。彼にとって、1週間で6万ドルから10万ドルを儲けるのは珍しいことではなかった。わずか1週間で、である。この恐るべき才能をもったトレーダーは、果たしてマーケットを敵と見ていただろうか、あるいは友人と見ていただろうか。もうお分かりだろう。

事実は利益にならない

　好材料を受けて株価が下落し、悪材料を受けて株価が上昇するのを見て疑問に思ったことはないだろうか。マーケットや個別銘柄が事実や論理を無視した動きをするのを何とか理解しようとして悩んだことはないだろうか。実際のところ、投資の世界では、そういった現実はあまり意味がない。重要なのは現実の認識なのである。実際に起こった事象が株価を動かすことはほとんどない。投資家が総体として事実をいかに認識するかが現実なのであり、株価を動かす真の力なのである。これが、株価が論理と乖離する理由である。そして、これがトレーディングを困難なものにする事象なのである。

　マーケット参加者として、我々は決して株価に賭けることはしない。株価に賭ける者は頻繁に負ける。我々は他のマーケット参加者が株価をどう「感じる」かに賭けるのである。なぜか。最終的に、株価を動かすのは人間であり、人間の感じ方や感情が問題なのである。そして、ご承知の通り、人間はこの世に存在するいかなるものよりも予見し難い存在である。したがって、今後、ある企業が予想をはるかに上回る好業績を発表したとしても、その株価が上昇すると盲目的にみなさないほうが賢明である。もちろん、逆もまた真なりである。次に示す事実を決して見失ってはならない。我々は、株ではなく、人間を取引するのである。

POINT

　ウォール街やメディアが思慮なく提示する事実に深入りするトレーダーは、群衆がそういった事実にいかに反応するかに注目するトレーダーほどには成功しない。熟練したトレーダーは、そういった反応に儲けるチャンスがあることを認識している。そして、最高水準のトレーダーは、群衆の

認識や反応が、事実の示す現実とは必ずしも連動しないことを完璧に理解している。時には反応が事実とは正反対のものとなることもある。こうした時には、ほとんどの初心者トレーダーがやられてしまう。要するに、優れたトレーダーは、人の認知に影響を与えるものに利益を得る真のチャンスがあることがわかっているのである。このゲームを掌握している者は「そのニュースはどういう意味なのだろうか？」とは決して聞かない。彼らは「このニュースに対する人々の反応はどのようなものだろうか？」と聞くのだ。そこには大きな違いがある。そして、通常、それが利益の差となって現れる。

ウォール街では、事実は問題ではない

　マーケットは事実あるいは正しいものに反応するものだと読者が信じているならば、悲しいかな、それはトレーダーや投資家として誤った認識である。そうした誤った仮定のもとでマーケットに参加することは、失敗が保証されたようなものである。

　株価は事実ではなく、「確信」によって動くのである。この点は極めて重要で、ぜひ理解してほしい。ここで言いたいことは、事実は問題とならないということである。これまでもそうであったし、今後もそうであり続けるのである。むしろ、マーケットを動かすものは、現実に対する認識であり、事実に対する認識である。買い注文を出す時に、当該企業や当該企業のファンダメンタルズを買っているのではない。全く違う。「それでは、私はいったい何を買っているのか？」と読者は問うだろう。我々は、ある銘柄についての人間と人間の持つ認識を買っているのである。考えてみてほしい。ある銘柄に実際に投資する際には、今後数日間に他の投資家がいかなる認識を持つかに賭けているのである。株価を上下に動かすのは人間であって、事実ではないのである。

　事実が株価を動かしたことはないし、今後も動かすことはない。この議論をもう少し深めてみたいと思う。認識は、通常、現実よりも危険である。利上げを巡る恐怖感を考えてみてほしい。利上げの可能性があるということで株価が大幅に下落した局面は数えきれない。当局が実際に利上げを示唆したか否かが問題となるだろうか。全く関係がない。問題となるのは、トレーダーや投資家が利上げの可能性があると認識したことである。それが重要なのである。トレーダーが十分に認識しなければならないことは、マーケットの本質が予想に基づくものであるということである。マーケットは何が起

こるかを予想して動こうとするのであり、何が起こったかに基づいて動くのではない。事実は過去の遺物である。それは明日について多くを語らない。これが真のプロが噂（認識）に基づいて買い、ニュース（事実）に基づいて売る理由である。幻惑されてはならない。マーケットで勝つのは真実ではない。マーケットで勝つのは真実の認識である。

POINT

時には事実とウォール街の認識が同一であり、完全に一致していることもある。また、事実と認識が完全に正反対になることや外れることもある。後者のシナリオが我々を混乱させ、初心者トレーダーを脱落させる。十分に警戒し、事実そのものではなく、事実に対する群衆の反応に利益を得るチャンスがあるということを常に意識し続けてほしい。短期では、常に事実が勝つとは限らない。これが、極めて健全な企業の株価が本来であれば倍になるべきところが半値になり、価値のない企業の時価総額が数十億ドルに達する理由である。事実と認識のずれは永久には続かず、事実が最終的には残るとする議論もあろう。しかし、誰が永久を享受できるのだろうか。デイトレーダーには、いずれそのうちには、ということはあり得ないのである。デイトレーダーに時間的な余裕はない。デイトレーダーの飯の種、心地よい生活は、この瞬間、そしてこの場所にかかっているのである。この瞬間、この場所という限りにおいては、事実に常に意味があるわけではない。

取引で成功するためには人間性を捨てなければならない

　連勝して利益が出ると、トレーダーは満足し、感覚の合うマーケットに対して気を抜いてしまう傾向がある。マーケットで毎日戦っているデイトレーダーとして「快適さ」は大敵である。なぜか？

　人間がとりうる行動としてみた場合、トレーディングは最も自然に反したものだからである。心理的に心地よいものは、ほとんどの場合間違ったものである。逆に、ある特定の戦略やアプローチが、心理的に、感情的に受け入れ難いものであれば、それが正しいものである確率は極めて大きい。安心や満足は、何か間違ったことをしている兆候である。正しいことを行うことは必ずしも容易なことを行うことと同義ではないし、それが安堵感を伴う場合には、間違ったものである可能性が高い。言うまでもなく、この矛盾がトレーディングの技術を習得することを難しくするのである。不幸なことに、人間的な感情を持っていることが人間の大きな欠点である。

　しかし、勝ち残るトレーダーにとって、この正しいことと容易なことのせめぎ合いの状況は長続きしない。容易な局面においては、注意深く警戒し、正しいことを行う絶え間ない努力によって、トレーダーは徐々に人間的ではなくなっていくのである。苦痛と快感、勝利と敗北といった無数の経験によって、トレーダーの思考回路は逆の感じ方をするように訓練されていく。経験を通じて、新たな神経回路が構築され、新たな思考回路、反応、感じ方が構築されていくのだ。

　それなりの進歩を遂げた後は、正しいものが正しく感じられるようになってくる。この変革が達成されれば、間違った行動のみならず、間違った思考さえも苦痛と不快感のメッセージを神経の中枢に

送るようになり、体内の警報装置が機能するようになる。換言すれば、トレーダーは継続的な成長の過程で、心理的に変化を遂げるのである。ゆっくりとではあるが、彼らはベルの音でよだれを出すパブロフの犬から、容易なことが正しいことになるように常に思考を続けるようになるわけだ。つまり、ある一定の水準に到達したトレーダーは、自然な発想が逆転し、ほとんど非人間的ともいえるようになるのである。

POINT

心理学者によれば、創世の頃から人間は正しい行動が最も難しいものであり、間違った行動は容易なものであると認識してきた。これは、人間が快楽を追求し、苦痛による不快感を避けるようにできているからである。しかし、正しい行動はしばしば苦痛を提供し、間違った行動はしばしば一時的な快楽を提供するのである。

次のシナリオを考えてみよう。間違った銘柄を買ってしまったために大幅な損失を被っているトレーダーがいる。彼は、「売るべきか、様子見か、買い増すべきか」という問題に苦悩している。彼は、心の中では買い増すことは火に油を注ぐようなものであり、正しい答えではないことはわかっている。また、彼は様子見を続けることも正しい答えではないとわかっている。様子見を続けることは希望にかけるという危険なゲームを続けることになるわけで、希望は健全なトレーディングには不要なものである。結局、彼には、売るという唯一の選択肢しか残されていない。頭では売却のみが理性的な選択であると十分に認識しているのである。彼は、その取引が当初から間違っており、その取引を手仕舞う代わりに、何らかの方法で修正しようと試みれば、結果的に損失を拡大させてしまうリスクを負うと判断するのである。

しかし、彼の知的な判断にもかかわらず、心理は売却に激しく抵抗する。なぜか。そのポジションを塩漬けにして持ち続けるのと比べると、売却により損失を確定させてしまうことは、損失を現実のものとしてしまうから

である。それは、失敗という鮮明なメッセージを心的・肉体的なシステムの隅々にまで送り、苦痛を生じさせるものである。したがって、トレーダーは一時の安楽に逃避するのである。行動する代わりに様子見をし、じっと動かず何もしないことを決意するのである。この様子見はトレーダーに一時的な安堵をもたらす。様子見が正しい行動ではないにもかかわらず、それに一縷（いちる）の望みを見いだし、その結果、安堵するのである。容易な行動を前にし、正しい行動をとるための戦いに敗れたわけだ。

　自らが正しいと認識している行動をとろうとする際に、どのように感じるかによって、自らのトレーダーとしての進歩を確認することができる。正しい行動が正しいと感じられるようになり、間違った行動には苦痛と不快感が感じられるようになれば、自らが人間から超人間への極めて重要な変革を遂げたことがわかる。

大多数が恐れをなして踏み込まないところにチャンスが潜んでいる

　ポジションをとることが困難である取引ほど、その上昇幅が大きいことに気づいたことはあるだろうか。これはなぜなのか？　なぜ、行動することに躊躇した場合、大幅な利益となり、あるいは大幅な逸失利益となるのだろうか。それは、利益を得るチャンスが、大多数が躊躇するところに隠されているからだろう。

　PERが20倍から30倍の銘柄を買うことが難しいと考える結果、どれだけの逸失利益が隠されているかを想像してみてほしい。また、頻繁に言われる「NASDAQはあまりにもボラティリティが高く、スプレッドも大きいので、手を出さない」という認識の結果、多くのトレーダーが利益を得るチャンスを逃しているのである。こういった躊躇の根源は行動を起こす前に確信を持ちたいという欲求である。ポジションをとる前にそれが利益を生むものであるとわかっておきたいのであり、その取引がうまくいくという確信を得たいのである。

　しかし、厳しく冷たい現実は、我々は知る前に行動せざるを得ず、トレーディングでの成功が常に難しいということである。意思決定は決して確実なものではあり得ないという、否定し難い事実を認識する必要がある。なぜか？　それは、将来を予見することができないからである。それは不可能である。我々にできるのは、注意深く確率を計算したうえで、健全なトレーディングの戦略を立てることのみである。我々のさまざまなニューズレターは、インターネットのホームページ上でのリアルタイム・トレーディング・ルームとともに確率の評価を提供している。読者のために我々がポジションをとることはできない。それは読者の仕事である。

第2章 優れたトレーダーへの精神修行

POINT

　確実を求めることは、向上心のあるすべてのトレーダーが克服しなければならない人間の本性である。確実は幻想である。確実は人生一般においても存在しないし、マーケットにおいても存在しない。それはあまりにも多くのマーケット参加者が追いかけている夢であり、幻想である。トレーダーは未知から利益を得なければならない。不確実性のもとで行動せざるを得ないということを認識しなければならない。取引を実行する前に、すべての事実を知ろうとする者は、ことごとくチャンスを逃すことになる。富は、未知の影を捕らえる者に用意されている。富は、人が歩いたことのない道に隠されている。アクティブなトレーダーは誰も行こうとしない場所に最大のチャンスが隠されていることを発見する。とったばかりのポジションがうまくいくかどうかは誰にも分からない。トレーダーは確率を適切に評価することはできる。しかし、すべての取引は失望をもたらす可能性を秘めており、失敗する可能性がある。向上心のあるトレーダーは、この事実を受け入れ、確信を得る前に行動することを学ばなければならない。なぜならば、確信を得る頃には、利益を得るチャンスは消えてなくなっているからである。

空に雲ひとつない場合は警戒せよ

　空に雲ひとつない状態。これは、警戒しなければならない。トラブルの兆候が何もない時、すべてがバラ色に見え、何の問題もないような時にこそ、警戒感を強めなければならない。
　稼ぐことが容易であり、ウォール街の「平均的な」トレーダーが自分は優れた人間だと思うようになり始めたら、優れたトレーダーは心配し始める。なぜか？ それは、マーケットが「平均的な」人々に長期間にわたって報酬をもたらすことはめったにないからである。凡庸な人々が自分にも運が向いてきたと思い始めたら、ゲームは変容し始めている。こうした重要なポイントでは、常に反対の発想を持つことによって彼らと一線を画すことができる。成功する可能性のあるトレーダーを駄目にする群衆心理から我が身を守らなければならない。将来を予見することはできないが、可能性に対して備えることはできることを忘れないでほしい。危険に対する備えの１つとして、状況がよすぎる場合には、逃げることである。

POINT

　マーケットは不安の壁をよじ登るようなものであると言われてきた。不安の壁を取り除けば、マーケットは上昇する欲求を失っていく。地平線を見わたす限り不安の種がない時が不安を持つべき時であることを優れたトレーダーは認識している。まるで、マーケットは平穏な時間に対して興味がないようである。金融システムは全体として大多数に報いるようにはできていないということを想起してほしい。したがって、大多数が満足し、空には雲ひとつない時には、とるべき行動は雨宿りできる場所を求めて走ることだ。嵐の前の静けさだからである。

トレーダーの成功を測る真の尺度

　テックス・コッブ（王座決定戦で、15ラウンドすべてで判定負けした唯一のボクサー）が、かつて言った言葉が私の心に刻まれている。「上昇気流にある者は誰でもヒーローになれる。男の本当の価値は、何ひとつうまく行かない時に、それでも前に進む根性があるかどうかだ」。

　彼の言葉はトレーダーが成功するための条件のエッセンスでもある。トレーディングの技術を習得したトレーダーは、何もかもがうまくいかないように思える時にいかに対応するかを間違いなく習得している。成長途上にあるトレーダーは、あらゆるものから自分が見捨てられたような気分になる時を経験するものであり、マーケットが自分の行動すべてを邪魔しているようにさえ感じる。

　しかし、成功するためには、そして熟練の域に達するための経験を積むには、トレーダーはこういった困難な状況に立ち向かう勇気を奮い立たせなければならない。止まることなく動き続け、前に進み続けることを学ばなければならない。大きな進歩をみせるのは順風満帆の時ではない。純度の高い金ができあがるように、トレーダーは困難の業火に耐えている時に不完全性がとり除かれ、進歩するのである。山積する困難に立ち向かう時に人格やトレーディングの眼識が形成されていく。こうした困難な時期に転落から身を守り、さらに次のステップへと進む意欲があれば、より経験を積んだトレーダーへと変貌するのである。

　何ひとつうまくいかず、すべての選択の結果に自らの未熟さを思い知らされた時に、自らが成長しているとは思えないかもしれないが、こうした困難から這い上がってくるたびに大きな成長を遂げているのである。困難から這い上がってくる能力自体がその証である。

トレーダーとして成長するには、心底トレーディングをやめたくなるような日を耐え忍んで明日を迎える経験が不可欠である。勝つためには継続しなければならないということを決して忘れてはならない。継続が勝つことを保証するものではないが、継続しなければ勝つことはできない。

POINT

　頻繁に損失を被り、失敗し続けている最中に、前に進み続けることが非常に困難であることは、ごく自然なことである。こうした損失のまっ最中に、水面下でトレーダーとしての進歩や成長が生じていると認めることはさらに難しいことである。しかし、地上に花を咲かせる前に植物が地下に根を伸ばしているように、トレーダーはまず内面から成長するのである。その時は、とりまく環境や損益が悲惨な状況にあるように見えるかもしれないが、水面下で確実に進歩している。この困難な時期に適切に対応するトレーダーにのみ、進歩があることを認識しなければならない。失敗するたびに這い上がる決意があり、困難が生じるたびにさらに不屈の闘志をもって立ち向かうトレーダーにしか進歩はない。これを学び実行することができれば、後に回顧して、すべての敗北が次への準備であったことに気づくのである。ボクシングで言えば、ノックアウトと思えるような状況でも倒れるたびに立ち上がれば、それはノックダウンにすぎず、それは人間が行うことのできる最も偉大な行為なのである。

何もしないことがベストの選択である場合

　60年代の反戦運動において、行動だけではなく思考の重要性を唱えたダニエル・ベリガンは、「ただ何かをやるのではなく、そこにじっと立っていろ」と主張した。短く、簡潔ではあるが、この主張には力強い含意がある。人間というものは行動することが自然であり、何とか行動し続けようとするものである。社会的には、行動し、努力して目的を達成する人が理想とされる。歴史的にも、「行動する人」は寛容に受け入れられてきた。行動することは重要だが、バランス感覚を見失ってはならない。その意味で、行動することが重要であるならば、行動しないことも重要である。

　実際、行動している時の質は、それに先立つ行動していない期間がどうだったかという質によっていることが多い。その質はトレーディングにも反映される。取引をしていないと惨めに感じ退屈してしまうアクティブなトレーダーは多い。常にポジションをとっていないと気が済まないトレーダーは、マーケットが静かになり低リスクのチャンスがわずかになると、自らがポジションをとることがマーケットを動かすきっかけになるとでも思っているのか、無理にポジションをとりにいく。彼らは、時には何もしないことがベストな選択であることをわかっていないのである。

　静止していることによって精神的に落ち着き、明快な思考が得られることもある。マーケットが小康状態にある時は、自らを確認し構築し直す好機なのである。平静さを取り戻し、自らを点検・整備し、次に迅速に行動しなければならない時に備えるのである。私は小休止が必要であることを、ここぞという時に備えるために小休止を有効に使うことを学んだ。かつて、ラルフ・ワルド・エマーソンは、「行動せよ。行動すれば、力を得ることができる」と述べた。

確かに、これにも真実がある。しかし、エマーソンは、時々小休止することが力を持続させることにつながることを我々に伝えなかった。アクティブなトレーダーになるべきであるが、時には小休止することにも意味があることを認識しよう。

> **POINT**
>
> 時に応じて小休止することは最も生産的な行動である。自らのバランスに気づくのは、あまり行動をしていない時であることが多い。精神が明晰さを取り戻すのは、バイアスのない傍観者である時が多い。トレーダーとして、こういった時期を持つことの必要性を認識すべきである。悪戦苦闘することも重要であるが、自らを休ませ感覚をリフレッシュさせるためにも小休止は必要である。マーケットから一歩離れて傍観者となるたびに、次にマーケットに戻る時には力がみなぎっているものである。マーケットが思うようにいかない時、何か様子がおかしい時には小休止すべきである。小休止することによって次の一手がいかなるものであるべきかを感じることができるだろう。

小休止すること──最も重要な行動

　13年間のトレーディング経験を通じて、小休止することがベストの行動になること、座っていることが立っていることよりも適切なことそして傍観することが行動することよりも数倍優れていることがあることを私は学んだ。西欧文明では、恒常的に行動する人間をあまりにも尊重しすぎて、より理知的な行動ともいえるところの、時に応じて行動しないことの利点を完全に見すごしている。

POINT

　行動しなければ何も達成することはできないし、トレーディングで利益を上げることもできないという意味で、行動することは必要である。しかし、常に取引をしているか、あるいは取引の準備ができており、常に行動していなければならないと感じているトレーダーが多い。この考え方は間違っており、成長途上にあるトレーダーがこれを頻繁に行えば損害は非常に大きい。時には小休止し、展開を傍観することが最も重要な行動であることもある。我々にはマーケットに顕著な影響を与える力は与えられていない。ある特定の日の確率を決めることもできない。時には、やることなすことがうまくいき、目に入るものすべてがチャンスに見える時もあるし、全く逆の状況の時もあるという現実を直視しなければならない。マーケットがあまりにも思うようにいかず、低リスクのチャンスがほとんど存在せず、逆に罠や地雷の数が無限に増加している時もある。この場合、何も行動しないことがベストな行動であるばかりでなく、資金を失わないための唯一の行動であることが多い。この点がいかに重要であるかを説明するために、我々の顧客であった、海兵隊奇襲部隊のような取引をするトレーダーの事例を次に紹介することにしよう。このトレーダーのことを、ガンホー（海兵隊）氏と呼ぶことにする。

不作為の教訓

　我が社での取引の初日、当然ながらガンホー氏は非常に興奮していたが、不幸にもその日のマーケットは決して歓迎ムードといえるものではなかった。むしろ、マーケットの機嫌は極めて悪く、寄り付きのベルが鳴ると同時にS&P先物は10ポイント以上下落して始まった。大物政治家の辞任に金融界は反応していた。

　しかし、ガンホー氏には気にならないようであった。5万ドルの資金をもって、寄り付きのベルと同時にいくつかのトレードを矢継ぎ早に行い、運試しを始めたのである。大きな間違いだった。マーケットが寄り付く前のメッセージを完全に無視したことによって、30分以内に850ドルの損失を被ったのである。

「しまった！」

　彼は深く息をついてから、彼の昔のトレーディング手法に逆戻りしていることに気づき、落ち着くように自らに言い聞かせた。ようやく、彼は2週間の研修で我々が教えた収益チャンスを探す手法を実践し始めた。しかし、2時間ほど時間が経った時点で、その手法を実践する取引機会がほとんどないことに気づいたのである。結果として、「不作為」を強要されることとなり、彼は落ち着かなくなってきた。彼は行動することに慣れきっていたのである。「不作為」が彼の自然な状態ではないことは明らかであり、彼の顔からはフラストレーションがみてとれた。彼が前の会社にいたならば、既に少なくとも10から20のトレードを行っていただろう。東部標準時で12時に近づいていたが、彼はかろうじて目を開けているような状態であった。

　何かが変わらなければならない。我々があらかじめ設定していた基準に見合うリスクの低い取引の機会はほとんど存在しなかったに

もかかわらず、彼は何かをやらなければと決意していた。彼は数分と経たない間に、我々のやり方に従っていれば決して実行しないだろうトレードをいくつか行ったのである。当然のことながら、その結果は損失だった。まだいくぶん落ち着かない気持ちのまま、さらにいくつかのトレードを実行した。ご想像の通り、その結果も損失。我々が傍らで見守る中（トレーダーは、時には失敗を目の当たりにしないと、救済策の有り難味を感じることができないのである）、彼はその行動を繰り返した。大引の1時間前には、ガンホー氏の表情はフラストレーションから怒りに変わっていた。大引の時点で損失は2950ドルを超えていた。

　その日、ガンホー氏はやりたいことをやったのである。行動あるのみだったわけだ。しかし、彼はやりたいことをやるために、健全なトレーディングを犠牲にしたのである。当然、彼は利益を得たかったのだというだろうが、彼が本当に求めていたものは高揚感なのである。取引行為からすれば、「不作為」が、リターンの低い賭けから、そして自分自身から身を守ることなのだと彼は認識することができなかったでのある。この場合、特にマーケットの状況を考慮すれば、不作為あるいは行動しないことが望ましいことなのだった。彼は「不作為」というスタンスが臆病に起因するもの（これはこれで問題であるが）と思っているが、それはむしろ、非常に高い基準と条件（この日のマーケットでは到底達成できない条件）に基づく健全なトレーディング手法の実践なのである。これが「不作為」の知的な側面であることをガンホー氏は知らなかったのである。それは、自分のお金を守るための「不作為」である。彼が「不作為」モードを維持していたならば、その日に莫大な利益を上げることはできなかっただろうが、少なくとも損失額を1000ドル以内に抑えることは可能だっただろう。時には、何もしないことが最良の行動であることがあるということを、この事例は明らかにしていると思う。

考え方ではなく、取引の仕方を教えてくれ！

　「考え方ではなく、取引の仕方を教えてくれ！」――これは、無分別で思慮に欠ける行動に比して、思考の重要性を諭す時に、必ずといっていいほど見られる反応である。こういった反応をする者は、適切な思考がすなわち適切なトレーディングであることを認識できないのである。こういった事例はあまりにも多い。

　我々のオフィスでデイトレーディングの研修を受けるだけで勝ち続け、末は南仏で午後にはホット・カプチーノを飲み、晩餐に稀少なワインを開けながら余生を過ごせるほどの財産を築くことができると思うのである。ところがどっこいである。がっかりするであろうが、何をすべきかを知ること（これが我々の研修の主なテーマである）はそれを実践できることの保証とはならないのである。これは厳然たる冷酷な現実である。そして、これがトレーディングにおける「思考」の重要性の証左でもある。

　次の事例を考えてみてほしい。我々は、トレーダーが成功するために必要なすべての手法、技術、トレーディング術を3日間の集中講義で提供している。そう、週末1回でよいのである。信じられないかもしれないが、マーケットで何をすべきかを正確に学び、マネーを儲けるためのトレーディング手法を身につけること自体はそれほど難しいことではない。難しいのは、それらに習って訓練し、実践することなのである。あらかじめ売るべき水準であると「わかっていた」水準を大幅に下回って下落している銘柄を手放すことができなかった経験は何回あるであろうか。買ってはいけないと「わかっていた」銘柄をとりあえず買ってしまった経験はないだろうか。たいてい、こうした失敗の原因は自分が正しいとわかっていることを行えないことであり、正しいことがわからないことではないので

ある。

　トレーディングという利益を上げる可能性のあるゲームは精神的なものなのである。その8割以上は心理的な要素が占める。トレーディング手法や技術を身につけた後は、成否を決するのは思考過程の質といえる。我々は知識が欠けていることによってやられることはない。多くの場合、知識に耳を傾けないことによってやられるのである。

POINT

　マーケットでトレーディングをすることで生計を立てようとする者の8割以上は6ヵ月以内に失敗する。悲劇は、その多くが知識が欠如しているという単純な事実によって失敗していることである。知識が欠如していることによってやられてしまう者がいることは疑いがない。失敗の第1の理由である。しかしながら、セミナーや読書や試行錯誤の結果、知識を得ることができても、トレーディングで一生楽に暮らせるほどの利益を上げられるようになるのは難しい。なぜであろうか。知識がトレーディングの極意を得るための長い旅路の最初の関門にすぎないからである。適切な手法を身につけることによって、他のマーケット参加者の一段上をいくポジションに位置できることは間違いない。多くの人々が「わかる」ことすらできないからである。しかし、大工道具を手に入れたからといって名大工にはなれないということを肝に銘じてほしい。それは名大工への第一歩であることは間違いないが、それぞれの道具を使いこなし、活用できてこそ名大工なのである。

　トレーダーが活用できる道具の中で最も優れているものは自己の心である。心を適切に使用することができれば、トレーダーとしての成功は半ば約束されたようなものである。間違った心の使い方や非生産的な心の使い方は間違いなく身を滅ぼす。トレーダーは、トレーディング手法や技術などのすべての適切な道具を身につけながらも、思考過程が間違っていれば、やはり身を滅ぼすことがあるということも忘れないでいただきたい。我々

のセミナーを受講する人々は大勢いるが、その中にも、いくらコストをかけようともトレーディングの名人になれない人が大勢いる。私は、多くの人々が知識すら身につけていないことを神に感謝する。加えて、知識を身につけた者の多くが適切な思考を身につけないことも神に感謝する。そうでなければ、知識と思考の両方を備えた者が収益を上げるチャンスが劇的に減少してしまうからである。知識と思考を身につけた者にとって、無知な者や思考力のない者は、涸れることのない富の源泉となるのである。

今、手元にあるもので何ができるか

　持てる以上に求めることは、過去何十年にもわたる米国人のライフスタイルであるといえる。歴史や社会の動きを注意深く観察する者の中には、より多くを求める強い欲求が、建国当初から米国文化の一部であったと論じる者もいるであろう。実態がどうだろうと、我々は、資金と時間と知識さえあれば、人生を自由に送ることができると感じているのではないか。しかし、我々が現実に持っている資金はどうであろうか。たとえ限られているとはいえ、少なからず我々が自由にできる時間と知識を十分に活用しているであろうか。それらを使いきっているだろうか。換言すれば、より多くの資源を求める以前に、手元にある限られた資源を十分に活かしきっているのであろうか。

　私自身の生活でも、現在手元にあるものを十分に活かしきる以前に、より多くを求めようとすることがあるが、注意が必要だ。私は、自分が自由にできる時間を浪費しているようでは、もっと時間がほしいと願う資格はないと考えている。時間が限られている中で、時間を有効に活用する者に利益を上げる機会があるということだ。また、自分の知識の量を把握している者にとっては、知識は無限に増え続ける可能性がある。

　それでは、これらはトレーディングにどのように関係してくるのだろうか。人間の性質に関わることがらは、すべからくトレーディングに関係してくるのである。人間の性質は、良かれ悪しかれ、日々のトレーディングに反映される。ここでのポイントは、我々は次を求める前に、現在持っているものや理解していることを把握しなければならないということである。

　当社の会員は皆、損切りの重要性を理解している。我々は日々の

情報提供サービスで損切りを用いているばかりでなく、教育的な見地から損切りの重要性とその活用方法に関する記事を数多く書いてきた。問題は、その知識を我々が責任を持って提供しているかということであり、我々がその知識を重要なものとみなしているかということである。我々のサービスを購読している人々は、ポジションをとるべき水準を待つことの重要性や、１つの銘柄に執着しないことの重要性を理解している。

　しかし、その知識は、厳格に実践されているのであろうか。トレーダーの中には、より多くの銘柄でポジションをとろうとする者がいる。特に、ポジションをとる際の厳密な基準に満たない銘柄が多い日には、その傾向が強い。しかし、基準を満たす限られた銘柄に関して責任をもって行動しているかが問題なのである。より多くを求める前に、現在手元にあるもので何ができるかを習熟してほしい。

POINT

　より多くを求める欲求は何ら悪いものではない。人間の偉大なる成果は、より多くを求める欲求に基づくものであった。したがって、翼を大きく広げようとする欲求を恥じる必要はない。しかし、現在持てるものを完全に消化する前により多くを求めるのは強欲というものであろう。向上心の強いトレーダーは、この罠にはまりやすい。聖杯（ホーリー・グレイル）を追い求め、次から次へと参考書を替え、より多くの知識を求めるのである。また、ある知識あるいは別の知識を求めて、次から次へとセミナーを受講するのである。新たな技術、新たな手法、新たな発想。もっと知りたい、新しいことを知りたいというわけである。しかし、こういったトレーダーが既に持てる知識を有効に活用しようとしているのを見たことがない。彼らが今日学んだ知識、あるいは昨日身につけた技術を実践し、その成果を確認することはほとんどない。我々の入門コースの１日研修を受講した者の中には、その直後に３日間のトレーディング研修を受講しようとし、それが終わればすぐに２週間のトレーニング研修を受講しようとする者が必ずいる。彼らは身につけ

た知識を消化し、活用し、最大限に活かそうと試みてさえいない。それらの知識は決して根をおろすことはないし、大きく花を咲かせることもないのである。それでも彼らは、より多くを求めるのだ。現在持てる知識に責任を持てないのであれば、より多くの知識、知恵、トレーディング手法を学んだところで、それらに責任を持つことができるわけがない。今持てるものを最大限に活かすべきである。これまでに学んだトレーディング手法のすべてを確認すべきである。それから、新しいものを求めるべきである。まず、やらなければならないことがあるのだ。そして、ようやく次を求める権利が得られるのである。

自分の過去を好きになれるか

　「自分がどこから来たのかわからなければ、これからどこへ行くのかもわからない」という含蓄のある格言がある。これは私の心に訴えかけてくる。もし、私が中学生の時にこの格言を知っていれば、もう少し歴史の授業に関心を持ったことであろう。先生に申しわけなく思う。しかし、過去は常に価値のあるものなのであろうか。それは宗教のように重んじられ、愛され、大事にされ、そして心に留めておかれるべきものなのであろうか。その点についてはあまり自信がない。むしろ、答えはノーであるというべきであろう。少なくとも、常にそうである必要はないし、特にトレーディングにかかわる場合はそうであろう。確かに、これは微妙なところである。

　トレーディングにおいても、過去の失敗や間違いから学ぶところはある。また、過去の成功から学ぶという、まれなケースもある。しかし、過去にとらわれすぎることは、トレーダーにとっては致命的な問題を引き起こす可能性がある。過去にとらわれすぎることは有害であるといってもよい。それはトレーディングという名のゲームでは心理的な要因が8割以上を占めるためである。

　我々は、さまざまな手法、技術、秘訣を手にすることができるが、心の準備ができていなければ、つまり、落ち着いて真っ白な精神状態にならなければ、必ず失敗するのである。4連敗中で、マーケットにおけるバランス感覚を失っているトレーダーの例を考えてみよう。このトレーダーは、5回目の取引を始める時には、過去4回のトレードはなかったものとすることができなければならない。「過去」のトレードの記憶が、将来のトレードに影響を与えることがあってはならないのである。4回目の取引の残滓が5回目の取引に影響を与えるようでは、はなからハンディキャップを背負っているよ

うなものである。現在の取引を成功させることさえ難しいのに、過去の取引の重荷を背負ってはなおさらである。現在直面している取引は、生まれたての赤ん坊のように清潔で、純粋で、無垢でなければならない。そのためには過去の損失は水に流さなければならない。覆水盆に返らずである。過去の損失の影響を受けている兆候としては、以下のようなものが挙げられる。

1）どうしようもない躊躇。これは暗に確実を求めていることの表れである。
2）引き金を引くことを恐れる。これはもっと知りたいということにほかならない。
3）利食いのタイミングが早すぎる。
4）損切りができない。

過去は、自らの敵にもなりうるということを忘れないでほしい。

POINT

トレーディングで成功するためには、いかにバランスをとるかということがすべてである。トレーディングの世界で自由に動き回るためには、極めて多くの物事について微妙なバランスをとっていかねばならない。しばしば同時に発表される好材料と悪材料のバランスをとらねばならない。さまざまなアナリストの異なる見方や、テクニカル分析から得られる矛盾するシグナルや、心の奥底で葛藤する感情のバランスをとらなければならない。すべてはバランスをとることに尽きるのであり、それは過去についても当てはまるのである。トレーダーにとって過去が重要であることは言うまでもない。ある意味では過去は最も優れた教師であり、そして常に自らの真実の姿を映す「鏡」でもある。しかし、また同時に、過去は我々の将来を瞬時に破滅させてしまう大敵にもなり得る。一言でいえば、過去を引きずり過ぎることは自分のためにならない。ここでバランスが重要になっ

てくる。明日に影響を与えるような場合には、過去に重きを置いてはならない。過去は過ぎ去ったことを振り返る時のためのものであって、将来を見通す時のためのものであるとは限らない。過去は、いわば自らのねじを巻き、自らを引き締めるためのものであり、いったん自らのねじを巻くことができたならば、用済みの道具として扱われるべきである。新たなトレードを開始した時には、トレーダーは、過去を捨てることを学ばなければならない。過去をもって現在の無数の要素を扱うことはできない。余計な荷物は置いて行こう。トレーディングの時には、身軽でいるに越したことはない。

苦痛と快感のサイクルを打破すること

　すべてのトレーダーがそうであるように、私がトレーディングを始めた当初は、常に苦痛と快感の狭間を行ったり来たりしていた。勝った時、あるいは立て続けに利益を上げた時には達成感がこみ上げてきた。歓喜の極みに酔って、生きている喜びを感じたのである。私は自分の成功に酔い痴れ、トレーディングの神様になったような気がしたものである。反対に、損失の苦痛を味わった時には心が萎んだ。身体が痛み、世界が圧倒的な絶望感に覆い尽くされてしまった。すべてが灰色になり、勝った際に味わった人生の美しさなどは瞬時に暗闇に葬り去られてしまう。しかし、その後何回か利益を上げれば、自信に火がつき、希望の炎が燃え始めるのである。そう、再び、新しいサイクルが始まるのである。

　私は、この苦痛と快感の奴隷として、数年間を過ごした。どちらかの奴隷である期間が長かった時もあるが、両者を頻繁に行き来していた。しかし、結局、時間はかかったものの、苦痛と快感は次第に弱まっていった。負けても、その苦痛は以前ほどには激しいものではなく、耐えられないほど鋭いものではなくなっていったのである。当初は、この状況が奇妙に感じられた。興味深いことに、私は絶望感が溶けていくのがわかった。時に、勝っても、喜びを感じなくなったのである。勝つたびに感じていた高揚感が徐々に薄れていったのである。そうこうするうちに、私のトレーディングは新しいレベル、より高いレベルに昇華していった。

　この経験は貴重な教訓を与えてくれる。トレーダーはトレーディングの結果に左右されてはならないのである。トレーダーの考え方や感じ方が１つの取引の結果に影響されてはならないことを認識できない者は多い。マーケットにおいて数多くの経験を積んだ真のト

レーダーは、1つ1つの取引を独立したものとして扱い、混乱せず、平静で落ち着いているのである。こうして完成されたトレーダーは、結果はそれを導くに至った過程ほどには重要ではないことがわかっている。彼らには、勝つか負けるかは、彼自身の選択の副産物にすぎないことがわかっているのである。1つ1つの取引の要素に注目する時も取引の結果に注目しないことで苦痛と快感の悪循環から解放されるのである。悪循環から解放されて初めて、トレーディングの極意を得る準備ができるようになる。

POINT

　ほとんどの人々が苦痛を避け快感を追い求めることに人生の大半を費やす。この明白な傾向はトレーダーの世界にも当てはまる。トレーダーとして、マーケットのあらゆる局面で、損失を避け、持てる力を振り絞って利益だけを取り込もうとするのである。これは極めて自然な衝動であるが、トレーダーはこの苦闘から抜け出なければならない。それはなぜだろうか？　それが罠となるからである。老子の言う「千里の道も一歩から」である。しかし、ある意味で、老子はすべてを言い尽くしてはいなかった。老子が言い忘れたことは、それが、我々がとる1つ1つのステップが正しいものである限りにおいて適用されるということである。我々は利益を上げることを望むが、そのステップとはいかなるものなのだろうか。ここでの微妙なニュアンスを理解することができるだろうか。1つ1つの選択なり決定なりを正しく行うことに集中すれば、結果はおのずとついてくるのである。勝たなければならないのはもちろんであるが、それ以上にいかに勝てるように自らを持っていくかが重要なのである。1つ1つのステップについて、勝者はそれが正しいことを確認しながら注意深く選択していくのである。何が勝利につながるかに目を向けずに勝利を求める者は泥棒のようなものだ。労働せずに、収穫だけを得ようとしているのである。木を植えずに、果実だけを得ようとしているのである。「何か、いいネタはないか？」といった具合である。我々の生徒は、「勝ちたい」という欲望を勝者になる欲望

に置き換えることの重要性を理解している。ここで、勝者になる欲望とは、取引の細部を正しく遂行したいという欲望にほかならない。調査、思考、決定、タイミング、ポジションのとり方、当初設定した損切り、精神的なバランス、待つ姿勢、損切りの水準の修正、手仕舞い等々である。それぞれの取引の細部が正しく行われている限りは、取引の結果は関係ないのである。たまたま運よく勝つ者、ネタを材料に勝つ者、噂に賭ける者、そして決算発表に賭ける者のことは無視すべきである。それぞれの取引の細部が正しく行われていれば、自然と勝てる。これが勝者になることと勝利を求めることの微妙な違いだ。これを認識しなければならない。取引が始まる時と終わる時には大きなギャップがある。終わりに注目するのではなく、その間に何があるのかをはっきりさせなければならない。

健全なテクニックは健全なセンスを育てる

　最近、ニューヨーク・タイムズのスポーツ記者が「野球の選手にセンスを教えるのは、フォークでスープを食べることを教えるようなものだ。所詮、不可能である……」と書いていた。それはトレーディングにも当てはまる。
　センスは重要ではあるのだが、教えたり授けたりすることはできないものなのだ。センスは、さまざまな経験をしながら長い時間をかけてゆっくりと育ち、徐々に発達するものである。しかし、適切なテクニックを教えることはできる。トレーダーがテクニックを身につけ、利益を上げられるトレーディング手法を体系だって理解することができれば、それらのテクニックを頻繁に用いることによってセンスも徐々に身につけていくのである。換言すれば、センスは健全なテクニックを繰り返し繰り返し用いることによる副産物なのである。
　我々は上級者向けのセミナーで生き残るためのトレーディング手法やゲリラ戦法を教えるが、それらは利益を上げることが目的というより、プロとしてのセンスを徐々に醸成できるように考えられているのである。プロのセンスは真のプロの証でもある。多くのトレーダーが抱える問題は、彼らが間違ったテクニックを身につけたがために、間違ったセンスを身につけてしまっていることなのである。
　マーケット参加者にとって間違ったセンスほど危険なことはない。トレーディングは厳密な科学ではないから、適切に発達したセンスによる職人芸的な要素も必要なのである。我々の講義を受講するトレーダーから、「どうしてあの瞬間に手仕舞おうと思ったか」あるいは「なぜ、急騰の直前にポジションをとろうと思えたのか」といった質問をよく受ける。たいていの場合、我々の適切なタイミ

ングでの行動は微妙な感覚によるものだ。静かなヒントが脳や神経に触れてきて、正しい行動を正しいタイミングで行うことができるのである。彼らにこのプロセスを明確に説明できないことがフラストレーションとなることもある。しかし、こういったセンスを彼らもいつかは身につけられると確信している。彼らが正しいテクニックを身につけようと努力しているからである。

POINT

　トレーディング手法やテクニックは自転車の補助輪のようなもので、学習期間中のバランスを保たせる役割を果たす。熟達した後は、補助輪は不要となる。その時点でトレーダーは肝っ玉やセンスを獲得するのである。前述した通り、それは教えてどうこうなるものではない。このセンスは、ある戦略のルールを変えるべき時や無視すべき時、ルールを破るべき時を知る助けとなるのである。実際、マーケットを型にはめることはできず、ルールをマーケットの動向に応じて厳密に適用することはできない。トレーディング手法やテクニックとはそういうものなのである。しかし、それらに価値がないということではない。補助輪たるトレーディング手法やテクニックは、我々の行動の指針となるという意味で、極めて価値があるのである。我々の行動をシステマティックにし、考え方を訓練してくれるのだ。長らく、そういった手法やテクニックを使用していると、トレーダーの第六感が発達してくる。時には第六感と厳密なテクニックの示唆する行動が乖離することもある。第六感がタイミングよくルールを変更したり破ったりすることを求めるようになる。第六感が発達してくれば、トレーダーが一段と進歩し、テクニックの厳密さをあまり必要としなくなったことの証である。この状態に到達するまでは、トレーダーは感情的かつ心理的な闇から身を守るためにもルールやテクニックに忠実に従わなければならない。しかし、センスや第六感が表舞台に登場してくれば、トレーダーにはテクニックは必要ない。そこでは、センスが支配的となる。

適度なパラノイアは精神衛生上好ましい

　適度なパラノイアは、成功するために欠くことのできない要素である。これはあらゆることに共通するのではなかろうか。特に、トレーダーとしての基礎を習得している時期には、それは成功のための必要条件であるといえる。多くの初心者が、マーケットの恐ろしさに敬意を払わずに、毎日の９時から５時までの奴隷のような生活から脱するために、手っ取り早く金持ちになろうとして、無鉄砲にマーケットに飛び込んでくる。少なくとも最初はおびえているトレーダーは知性を感じさせるものである。少しパラノイアになっていれば、そのトレーダーはマーケットの力に敬意を払っているということである。敵に敬意を示さない暴君が最終的には滅びることは、歴史が明確に示しているところである。マーケットの力を過小評価することは、特にトレーダーとして成長途上にある時期においては、破滅を招き、おそらく極貧生活を強いることになろう。その時になってはじめて、元トレーダーはマーケットの巨大な力を実感するのである。

恐れは無知から生まれる。しかし、恐れを知らない初心者は、あまりに無知で自分が無知であることさえわからないのだ。

　トレーダーが成長途上にある時期には、知識や適切な手段を有しない者を待ち受ける無数の罠や落とし穴の餌食になりやすいものである。適度な恐怖心が有益であり、また、ちょっとしたパラノイアが身を救うことになるのは、このような要因によるものなのだ。しかし、経験を積むことによって知識が身につき、知識がつくことによって力がつき、みなぎる力が恐怖やパラノイアにとってかわるの

である。そして、徐々に、気づかないうちに、かつては醜い敵であったマーケットが誠実な友人になっていくのである。そうなれば、こっちのものである。マーケットに対して敬意を払えば、最終的には、マーケットが敬意を払ってくれるのである。

POINT

　恐れは、我々にとって重要な本能である。恐れを取り除くことに注目したマーケット関連の書物は無数にあるが、私は間違ったアプローチであると思う。恐れは排除されるべきものではない。適切に位置づければ、敵ではなく友となるのである。他のトレーディング手法と同じように、これを理解し適切に対処しなければならない。危機に瀕している時、恐れによって、より速く走ることができるし、火事場の馬鹿力で戦うことができる。恐れは、我々の意識を明確にし能力を最大限に発揮させる。恐れは自らの進む方向性をつかみつつある初心者にとって特に価値がある。恐れによって、警戒し、注意深く行動し、常に次の行動がとれるように意識することができる。逃げ出さなければならない時には、恐れが、我々に危険をはっきり意識させ、逃げ足を速めるのである。簡潔に言えば、恐れは、危険に近寄らせないように働くのである。結局のところ、自らを破滅させうるマーケットの力に敬意を払わないという、最も致命的な間違いを初心者が犯すことを未然に防ぐのが恐れなのである。初心者はマーケットの力を根本的に認識しなければならない。マーケットの力に敬意を払わなかったために、マーケットから永久に追放されてしまったトレーダーは数えきれない。全く恐れを抱かない初心者よりも、過剰に恐れる者のほうがマーケットに向いている。後者にはチャンスがあるが、前者は破滅を待つのみである。

株式ではなく、人を取引する

　トレーダーは株式ではなく、人を取引するということを決して忘れてはならない。この重要なポイントを理解できない初心者があまりにも多い。結果として、なぜ株価の動きが合理性や納得のいく説明と矛盾する動きをするのか、彼らには永久に理解できない。株価は自ら動くことはできず、人々の認識によって決定される。そして、人々の認識は人々の感情に支配される。株価が上下に大きくブレるのは、こうした感情、特に欲と恐怖によるものである。

　世界がバラ色で心地よく感じられる時には、欲が支配し、株価は適正水準を大きく上回って上昇する。こういった時には、ウォール街のアナリストたちは困惑し、失望し、怒り出しさえするのである。彼らには、なぜ株価が数学的に導き出した適正水準とならないのかが理解できないのである。株式には生命がないことを彼らが完全に理解すれば、それほどに当惑することもあるまい。支配的な感情が欲から恐怖に変われば、同じ人々によって、株価は適正水準を大きく下回って下落させられる。この時には、マーケットの楽観主義者たちが困惑し、失望するのである。彼らには、なぜ株価がすぐに反転し上昇し始めないのかが理解できないのである。

　株価は、過度の下落と過度の上昇を繰り返してきたし、今後も繰り返し続けることだろう。この結果、短期でも長期でも、取引のチャンスを得ることができるのであり、新しい参加者がマーケットに登場し、敗者は退場するのである。熟練したトレーダーは、こういった流れを理解し、いつ感情の変化が生じるのかを知る技術を身につけていかねばならない。極めて簡潔に言えば、それがトレーディングなのである。トレーディングは、業績が予想を上回る時を知ることや、企業が新製品を発売する時期を予想することではないので

ある。トレーディングは、人とその感情に関わるものであり、それがチャートが極めて重要である理由である。財務諸表は過去の姿を反映したものであり、それは人々が既に感情的に反応し終わったものなのである。逆に、チャートは現在の姿を映し出す地図であり、取引ごとのマーケット参加者の心理状態を反映したものなのであり、アクティブなトレーダーの究極のツールである。チャートを用いずに短期取引をする者は大きなハンディキャップを背負っているのである。

POINT

　我々がマーケットで取引するのは株式ではなく人なのである。我々が得た認識の中でも、この事実は最も重要である。マーケットを人の集合であると見ることのできるトレーダーは、マーケットを数字の集合やコンピューターの二進法としてしか見ることができないトレーダーよりも優れたトレーダーになる可能性が高い。結果として、突然の株価変動の要因を理解でき、そういった株価の動きをうまく利用する可能性も広がるのである。真に優れたトレーダーは、取引を行うたびに、反対サイドには自分と反対の取引を行っている者がいるということを認識している。そして、彼らは真に優れたトレーダーであるので、たいていの場合は、反対サイドのトレーダーが臍を噛むのである。人を取引することを認識すれば、成功への可能性が広がる。それができなければ、臍を噛むのは自分である。

前向きな考え方が違いを生む

　株式市場で勝つためには３つの要因がある。それは意識（mind）、手法（method）、そして資金（money）である。『Trading for a Living』の著者であるアレクサンダー・エルダー博士は、これらを「３つのM」と呼んだ。

　３つのMはそれぞれが重要ではあるが、中でも「意識」が最も重要である。なぜならば、勝とうという意識、平静な精神状態、そして適切な意識づけがなければ、非の打ちどころのない手法でも損失を招くことがあるからである。実際、勝者は、資金や手法の手当てよりも、意識づけがはっきりと認識されているといえる。これが、アプローチが間違っていても勝つ意識が強いトレーダーが利益を上げることができ、逆に、優れたアプローチをとっていながらも意識が遅れをとっているトレーダーが損失を被る理由である。これは容易に理解できるだろう。６連勝するトレーダーと８連敗するトレーダーの違いは何だろうか。毎日送付されるニューズレターを読んで勝つトレーダーと、同じものを読んで負けるトレーダーの違いはどうだろうか。違いは意識にあるのだ。極めて単純で簡単なことなのである。

　私が出会った最も斬新な格言は、「人は心で考える」というものである。この普遍的な真実はトレーダーにも当てはまる。勝者の態度をよく観察すれば、その自信、あるいは確信の程度は想像を絶するものがあることに気づくだろう。多くの人々は、勝者が自信と確信を得ているのは彼らが勝っているからだと思うが、実際は、勝者は自信と確信を得ているから常に勝てるのである。取引開始前に負けている自分を想像するようなトレーダーは、いかに取引手法が健全でも勝つことはできない。「自分が何をやってもうまくいかない」

と心のどこかで思っていれば、いくら資金があっても破滅は避けられない。トレーディングに関しては高い意識を持って臨まなければならない。

　自分の行動の結果と自分は別だ、という単純な事実を認識すれば、決して負けることはないし、負けたと感じることもないだろう。結果は自分で作るものであり、結果は変えることができる。前向きにトレーディングに専心すればトップを極めることができる。そこに至る最初のステップはそれを信じることである。そして次のステップはトップ・トレーダーのように行動することである。想像し、行動するのである。後は不思議とうまくいく。聞き流さないで、実行してみてほしい。

POINT

　トレーダーが成長途上にある時期には、精神あるいは態度が大きな違いを生む。このことを信じるのが難しいと感じるならば、負けがこんでいるトレーダーを5人ほど捜して（これはそれほど難しくないはずである）、彼らの態度を観察してみてほしい。彼らの負け方は各人各様だろうが、共通するのはマーケットに対する態度の悪さ、あるいは、精神的に集中していないことだろう。不適切な思考の結果として、とる行動のすべてが力を欠き、決意に欠けるのである。判断は弱く、弱々しい目線の奥には恐怖が見え隠れする。逆に、連勝しているトレーダーを5人捜してくれば、彼らが全く異なる思考回路を持っていることにすぐに気づくだろう。彼らは別世界から現れたかのようである。椅子に座る様は帝王のようでさえある。目は炯炯としており、次なる収益チャンスを求めて牙をむいている。彼らは熟慮の上で行動をとり、判断は素早く適切である。仕事に集中しているのであるが、それでもゆったりと余裕があり、快適そうである。彼らが勝つ時には、それがごく当たり前のことなので、大声をあげて世間にそれを知らしめる必要もない。多くの人々が、こういったトレーダーたちは勝っているからこそそういった精神状態を得ることができるのではないかと思っ

ている。しかし、それは間違いである。より注意深く観察すれば、そういった精神状態にあるからこそ彼らは勝てるのである。自力で成功してきたトレーダーは、勝っているからといって前向きな態度をとるのではない。前向きな態度をとるからこそ彼は勝つのである。これを忘れないでほしい。

前向きな態度でトレーディングすること

　読者は、マーケットというものに対してどのような感情を抱いているだろうか。マーケットはカオス的なヒステリーの集積であり、マーケット参加者が理解できることはほとんどないものとして見ているだろうか。あるいは、マーケットは巨大な悪であり、取引ごとに打ち負かさなければならない対象として見ているだろうか。心の目に映るマーケットは、敵なのか友なのか、よいものなのか悪いものなのか、建設的なのか破壊的なのか。トレーディング術を習得していく上で、どのような態度でマーケットに接したらよいかを明らかにしていく上で、これらの質問は極めて重要である。

　マーケットの成功者たちは、多くの時間を自らの技術を磨くこと、トレーディング戦略の練り直し、新しい手法の開発などに費やしている。しかし、この正しい態度の重要性を理解している者はあまりにも少ない。マーケットを今にも自分をとって食わんとする巨大な怪物と見れば、どうなるだろうか。すべての判断は臆病で決意に欠けるものとなってしまう。すべての行動は弱さを映し出し、永続的でなくなる。そして、自らの心の中に作り出された怪物に呪われ、貧乏のどん底に落ちていく。

　うまい言いまわしが見つからないが、私はマーケットを「あらゆる可能性のフィールド」あるいは私の「遊び場」といった２つの言い方で表現することが多い。マーケットは自分が自分自身になれる唯一の場所であり、時には全くの孤独を恐ろしいと感じることがあるものの、自分の運命が誰の手の中でもなく自分自身の手の中にあることに深い喜びを感じさせてくれる場である。失敗は自分の責任である。成功すれば、神にも劣らない。

　マーケットは敵ではなく、友人である。逆に、マーケットは解放

者でもある。マーケットにはすべての欲望を満たし得る要素が詰めこまれているが、それらは力ずくで奪うものであり、施しを求めるものであってはならない。したがって、誰かに「マーケットにはやさしくしてもらっているかい？」などと尋ねられたら、「そうじゃないだろう。自分がマーケットにやさしくしてやっているかが問題なのだ」と答えよう。マーケットは自分の世界に属するのである。前向きな態度で取引すること、それに尽きる。

POINT

　我々の経験では、マーケットに対するアプローチの仕方によって不思議な結果が生じるものである。ある意味で、それは人間の強さや弱さを映し出す鏡のようであり、心の奥底に隠されている欲望をさらけ出すようなものである。マーケットが自分を友のように扱ってくれはしないだろうと思えば、自らとめどなく敵を招くことになる。マーケットを莫大な収益を上げることのできる場所、フィールドと見れば、あらゆる物質的な欲望が満たされる可能性は高くなる。毎朝起きるたびに私は自分に言い聞かせるのである。マーケットが始まるただ１つの理由は、私を儲けさせるためである、と。私の心の中では、他のすべてのトレーダーは私の反対サイドの取引をするためにいる。私が買いたい時に売ってくれ、私が売りたい時に買ってくれるためにマーケットに参加しているのである。自惚れていると思われるかもしれないが、私のマーケットに対する認識は前述の通りであり、私が得てきた結果は私の認識に偽りがないことを示している。

毎日考えるべきこと

日々の取引の際、行動、感情がどのような影響を与え得るかについて考えてみた。以下に示す各ポイントは、精神的に安定し、精神的に陥る罠を避けるためのものであり、しばしば読み返してほしい。

1) **考えること**——考え過ぎることはよくないことである。これはたいていの人々には奇異に聞こえることだろう。しかし、熟練したトレーダーのほとんどは考える必要すらない水準に達しているのである。彼らが考えるのは、なぜ、あることを実行したのかと聞かれた時だけではないだろうか。私の経験では、真に優れたトレーダーは自分が何をしているかもうまく説明できないようである。彼らは何をすべきかを考える必要がなくなっている「行動する人」とでも言うべきだろう。

2) **想像力**——いたずらに想像力を働かせることは問題である。想像力は虚構の世界で通用する資質あるいは要素である。しかし、成功するトレーダーは、現実、事実に基づいて行動する。彼らは物事がどういう状況にあるかに注目し、それがどうなるだろうかとか、どうなる可能性があるかといった考え方はしないのである。想像したり、推測したり、希望したりしないのである。彼らは、想像力や意見といったものはほとんど用いずに、秒単位、分単位で事実を分析し、事実に反応するのである。

3) **恐怖**——恐怖は知的な行動の妨げとなる。恐れは精神を萎縮させ、その結果として判断過程を萎縮させるだけでなく、熟練したトレーダーにとっては極めて重要な直観を減退させる。恐れは優れた人間になるために必要な資質を破壊する毒

ともなる。成功するための最大の障害ではないかもしれないが、数多くある障害の1つである。

4) **欲**──欲について、うまい言葉がある。「ブル（強気）とベア（弱気）は儲けるが、ピッグは何も得られない」。ホームラン狙いは野球だけにしておこう。トレーディングでは、大儲けを狙ってもうまくいくことはない。そして、驚くかもしれないが、大儲けを狙うことは初心者の証でもある。トレーディングでの成功は数字を積み上げていくことであるといっても過言ではない。熟練したトレーダーは、1回で1万ドルを狙うのではなく、1000ドルを10回狙うだろう。1000ドルの利益は1万ドルの利益よりは短期で低リスクで、そう、確実に手に入るだろう。

5) **情報**──情報は少ないほどよい。情報があり過ぎると想像力を刺激してしまう。それがよくないことは前述の通りである。自分で気づき、意見が形成され始める前に、情報の出し手の見方に影響を受けているのである。情報の重要性が、そのメッセージにあるのではないことを決して忘れてはならない。重要なのは、他の者がそのメッセージにどのように反応するかなのである。

6) **期待**──期待し過ぎること、あるいは期待水準が高過ぎることは、経験の少ない初心者である証である。適度な期待は常に許容できるが、それは安全な期待でなければならない。自分がしていることをよくわかっていない者が常に過度に期待するのである。それは成功を得るためには避けて通ることのできない艱難辛苦を経験したことがない証である。初心者はマーケットに敬意を払うことを教わるべきであるが、生やさしいことではない。

7) **過度な調査**──過度に調査することは行動を起こすことを妨げ、不確実性を増加させる。調査とは、バラバラに解剖する

ことである。花はバラバラにしてしまったら、もはや花ではない。私が知っている成功したトレーダーたちは皆、買うか、売るか、様子見か、無視するかの判断を極めて単純な方法で行っている。彼らは物事を必要以上に複雑にしない。彼らは常に「行動」し、その結果がどうなるかを見るというスタンスである。

8）**希望**——希望は特にトレーダーにとっては危険なものである。含み損を抱えたポジションを持ち続ける癖のあるトレーダーにとって、希望は大敵である。この場合、希望は、まさに行動が必要な時に行動を起こさないように仕向けるものである。何もしないことがその時点で最も避けなければならない選択肢である時に、希望は快適さと自己満足を与えてくれるのである。希望は知的な判断能力を奪い去る麻薬のようなものである。希望を持つことによって事実が見えなくなり、そして、希望を売る者の餌食になるのである。選択できるものなら、私は常に希望を売る側を選ぶ。トレーディングにおいては、希望は疫病神であり、何としても避けなければならないものである。

第3章
「逆境」と「損失」
トレーディングで成功するための必要条件

第3章 「逆境」と「損失」

逆境という力

　13年前、20歳の時に、私は初めて株の取引をした。その取引では損失を被ったが、私は喜びを感じ、端的に言えば人生の目的を感じたのである。興奮し、苦痛さえも「快楽」だった。最初は、トレーディングというゲームでは完全な敗北を喫したわけであるが、私は決して怖気づくことはなかった。なぜだろうか。それは、怖気づく自分を許せなかったからである。私はマーケットを征服すると決意し、マーケットの不思議な機能を学ぶと決意した。

　しかし、その授業料は極めて高かった。顕著な進歩をみせ始めるまでに6年の歳月を要したのである。もちろん、くじけそうになったこともあった。しかし、打ちひしがれたことはなかった。落ちるところまで落ちて、そこからは落ちようがないところまで落ちたこともあった。そして、ある時、トレーディングのリズムをつかめるようになり、輝かしいトワイライト・ゾーンに入っていったのである。2年後には、安定的にマーケットから利益を上げるようになっていた。

　私はマーケットで認識され得る力を持つようになり、もはや被害者ではなくなった。今日では、「成功の原因は何ですか」と聞かれることがよくある。私の答えはいつも同じである。「私が今日成功しているのは、昨日致命的な失敗をしたからです」。つまるところ、負けた取引が、取引手法、技術、そして勝つための戦略を身につける動機となったのである。勝った時は近くのバーで友人に自慢をしていたものである。非生産的な行動極まりない。しかし、負けた時には戦術を再検討したものである。もちろん、これは非常に生産的な行動である。

　ここまで述べてきたことは、これから述べることの前置きである。

それは、逆境——損失——はマーケットから得られる最高のお土産だということだ。損失を被ることはチャンスである。間違えるたびに、失敗するたびに、ミスを消し去り、悪魔を退治する絶好のチャンスにめぐりあっているのである。今から「敗者の日記」をつけることをお勧めする。負けた取引について、証券コード、日付、購入価格、売却価格、購入の理由、そして売却の理由を記入するのである。5～6回負けた取引が記入されたら、それらを見直し、詳細に検討するのである。負けた取引に共通する要因を探すのである。必ず共通の要因が存在するはずである。その要因を見つけることができたならば、確実にそれを撲滅しなければならない。この作業を十分に行ってほしい。そうすれば、問題は負けによる金額的な損失ではなく、もっと学ぶためには負けの回数が足りないということになってくる。

POINT

私は13年間トレーディングを続けてきた。しかし、負け続けた時期の苦しみとフラストレーションの価値がわかるようになったのは最近のことである。かつて、私は人生を賭けて戦っているように感じていた。今思い起こせば、負け続けた時期が私の人生を確固たるものにする助けとなっている。負けたことによって私は寝食を惜しんで勉強し、負けた理由を検証し、思考過程と手法を修正したのである。負けたことによって機能していないものを捨て、機能しているものを強化することができた。今になって分かることではあるが、負けがこんでいた時期が現在の成功の基礎となったと自信をもっていえる。負けることは悪ではないという認識をすべての意識のあるトレーダーが持ってくれることを私は望む。自分の失敗から学ぶことができないならば、それこそが悪となるのである。

損失を利用する方法

　トレーディングに熟達するための道のりは危険に満ちあふれたものである。危険、損失、試練、苦難は、トレーディングで身を立てようとする者の背骨を打ち砕き、精神に穴を穿つ。技術を完璧に身につけ、信じられないほどの機敏さでマーケットを制する者について、たまたま天賦の才能があったとか、先天的な勘があるのだと思いがちである。しかし、それは真実からはほど遠い。苦痛。損失。フラストレーション。混乱。不安。支離滅裂。こういった事柄が、大いなる高みに達するために必要不可欠な教師となるのである。今日、ある程度成功しているトレーダーは、過去に敗者の苦しみと痛みを味わっていることは間違いない。人は成功からは多くを学ばないものである。

　失敗のみが道を照らし、進むべき道を示してくれるのである。我々は火に触ってはいけないことを知っている。幼い頃に、一度は火傷をしているからである。トレーディングについても同様だ。すべての負け方を知ったうえで、勝ち方を知るのである。これはトーマス・エジソンが電球を発明するに至ったやり方である。ここで読者への質問は、マーケットにおいて失敗した時に何をするか、ということである。失敗は無駄になってしまうのか、あるいは、繰り返してはならない事例として活かされるのか。いったんかがまないと、前に大きく跳ぶことはできないということを忘れないでほしい。

POINT

　精一杯のエネルギーと努力を払って損失や苦痛を避けようとすることはごく自然なことである。しかし、損失の甚大な効果について真剣に考えてみたことはあるだろうか。頻繁に損失を被ることによって、初めて行動を

変えることができるようになるのではないか。この意味で、苦痛や損失はメッセンジャーとしての価値があるのである。法を犯せば、間違いなく我々は行動パターンを変えることを求められる。損失と苦痛を経て成長する理由はここにある。居心地の悪さが行動を喚起し、立ち上がって何かをしなければと思わせるのである。敗北の苦しみを味わい、苦痛を感じないことには、成長することはできないのではなかろうか。損失を尊重することを学んでほしい。不思議なことだが、それによって道が拓けるのである。

第3章 「逆境」と「損失」

少額の損失──熟練したトレーダーの証

　マーケットで損失を被ることは決して心地よい体験ではない。しかし、すべての知的なトレーダーは、損失がトレーディングにはつきものであることを認識している。希望に満ちた初心者トレーダーは永久に損失を根絶できるような完璧なアプローチを捜し求めて、貴重な資金ばかりでなく、持てるエネルギーをすべて注ぎこんでしまう。言うまでもなく、現実の世界には聖杯(ホーリー・グレイル)は存在しないのであり、彼らは自分自身をごまかしているだけなのである。

　実際、トレーダーの成否のほとんどはいかに損失を排除するかではなく、いかに損失をコントロールできるかにかかっている。より重要なことは、勝者は自らを律する不思議な方法を身につけているということだ。損失をコントロールすることだけに注目する熟練したトレーダーは常に成功する。一言で言えば、損失には芸術的な側面があり、高いレベルでの成功を望むならば、それを完璧に習熟する必要があるのだ。なぜだろうか。プロのトレーダーとしての成否は、その勝ち方にあるのではなく、いかに負けを「管理可能な」状態にできるかによって決まってくるからである。プロの負け方を学ぶことができれば、後の些事は自然と体をなしてくるものである。

　では、プロの負け方とは具体的にはどのようなものだろうか。もちろん、それは損失を少額にとどめるということである。この概念を忘れないでほしい。その根底にあるメッセージには想像を上回る価値がある。

POINT

　勝つトレーダーと負けるトレーダーの差は、1/8と1/4の差であるといわれてきた。我々はこれが真実であると信じているが、仮にこれが真実な

らば、負けをコントロールすることが勝者と敗者の差になる。現実に向き合おう。たまたま勝つことがあるのは珍しいことではない。実際、上昇相場ではツキで勝つことは多いといえる。これは単純に、上昇相場の波がすべての銘柄を押し上げるからである。勝つことが勝者を示す真の指標ではない。実際には、プロの指標は唯一つしか存在せず、それは少額の損失である。初心者がいかに幸運であっても、彼らの実態は損失の額をみれば明らかとなる。初心者は負けを恒常的に少額にとどめることはできない。初心者は時には大勝ちすることもあろうが、負ける時には常に大負けなのである。他方、プロのトレーダーがいかに苦しんでいても、彼らの被る損失が非常に少額であれば、彼らが本物であることがわかる。それは高度な技術と厳格な規律を要するものであり、熟練したプロのトレーダー、つまりは勝者の証である。ここでのポイントは、しばらくの間は紛い物でも勝つことはできるが、見せかけやツキでは恒常的に損失を少額にとどめることはできないということである。勝者の証はいかに勝つかではなく、いかにうまく負けるかということにある。負けをコントロールすることができるようになれば、勝ちを求める必要もなくなる。勝利はひとりでについてくるのである。

どのようにマーケットは語りかけてくるか

　マーケットは友になるべき存在である。しかし、この友人は無言であり、我々と共通の言語を持ってはいない。この友人は椅子から立ち上がり、これまでの動きと異なる方向へ動くという意思表示を言葉で明確に行うことはできない。突然の暴落を予告することもできない。マーケットができることは動きを通して我々に警告を発することだけである。友人としてマーケットは失敗というかたちで語りかけてくる。

　具体的には、最強の5社であるアメリカ・オンライン、シティグループ、ゼネラル・エレクトリック、ゼネラル・モーターズ、マイクロソフトが相場を牽引することに失敗した時、あるいは2日から3日の連騰に失敗した時などである。また、クリスマスの時期などのように歴史的に相場が強含む時期に上昇することに失敗するといったこともマーケットが語りかけてくる言葉の1つである。マーケットはこのようにして語りかけ、警告を発するのである。

　マーケットは失敗の事例を通して語りかけてくる。これは興味深いことではないだろうか。マーケットは、失敗という言語を通じて、そのゴスペル（福音）を広めようとしている。言うは易しであるが、そのメッセージを早い段階で聞くことができるだけの注意深さを持った熟練したマーケット参加者は生き残ることができる。少なくとも被害を最小限に食い止めることができる。マーケットが「こうあるべき」という動きを見せなかった場合には、それを友人からのメッセージとして受け取って、ポジションを手仕舞うことである。

POINT

　熟練したトレーダーは皆、マーケットの隠されたメッセージを判読することを習得してきた。彼らを注意深く観察すれば、彼らの鋭い眼光から逃れられるものはないことがわかるだろう。マーケットが発するメッセージは、それがいかなるものであれ、彼らにはその解釈の仕方がわかるようである。いったい、なぜ、彼らにはそれが可能なのだろうか。その秘訣は彼らの失敗を知る能力にある。彼らが買った銘柄が思った通りの動きをせずに、突然、下落したとしよう。彼らはそこで望まざる損失を実現する。彼らはそれを悔やんで叫んだりはしない。逆に、「ありがとう」と言うのである。なぜか。マーケットが失敗を通じて警告を発していることを認識しているからである。信頼できるテクニカル指標が機能しなくなった時、彼らはテクニカル指標の有効性を疑うことはしない。むしろ、彼らはそれをマーケットの愛情のこもったウィンクとして受け止める。それは、その後に続く、より悲惨な状況に対する警告なのである。今まで完璧に機能していたトレーディング戦略が突然うまくいかなくなったとしよう。彼らはその戦略をうち捨ててしまうだろうか。否、彼らは、それをマーケットの静かなる囁きとして受け止めるのである。マーケットの「ちょっと気が変わったことを伝えたくてね。メッセージは聞こえたよね」という囁きである。熟練の域に達しようという志のあるトレーダーはこれを学ばなければならない。失敗の意味するところを学ばなければならない。それはマーケットが我々に語りかける数少ない方法の1つなのである。

成功するための負け方

　私のトレーディング生活において最も貴重な教訓は、困難な問題に直面しても、我々が革新的な変化を成し遂げられるのなら、困難は素晴らしいものになり得るということである。問題の奥底に必要とする答えがある。

　次の例を考えてみてほしい。我々が毎日推奨する銘柄が短期的には魅力的なリターンを上げているにもかかわらず、その２ドルや３ドル、あるいは４ドル超のリターンでは勝ったと思えないという者に頻繁に出くわす。我々の推奨する４銘柄のうち３銘柄で利益が上がった場合、彼らは間違いなく１銘柄で損失を被っている。我々が推奨する銘柄をすべて買うことができず、いくつかの銘柄を選ばなければならないとしても、確率的には勝つ可能性が高いという事実にもかかわらず、恒常的に負けることが普通であるならば、将来の熟練トレーダーにとって問題である。ここで、彼らの抱える問題自体に回答が潜んでいるということが救いとなるのだ。

　注意深く精査すれば、意識して、あるいは無意識に恐怖を抱いた結果、みすみす逃した利益には何らかの共通する特徴がある。例えば、50ドル以上の価格がついている銘柄を避けているかもしれない。あるいは、インターネット関連銘柄を避けていたり、買値と売値のスプレッドが広い銘柄を無視しているかもしれない。いずれにせよ、何らかの要因が勝てる銘柄を選択することを妨げているのであるから、その要因を究明する必要があろう。我々はすべての要因を明るみに出して、とことん考えなければならない。

　高寄りしている銘柄を避けており、その銘柄が上昇しているならば、答えは明白である。高寄りしている銘柄を買うのである。値嵩株が常によいリターンをあげており、それを恒常的に避けていたの

ならば、ここにも回答がある。勝てる要素はそこにある。その値上がり益を享受できていないのであれば、損失覚悟で何を変えなければならないかを明らかにすべきである。損失を覚悟すれば、その損失は大きな声で語るのであり、後はその声を聞くだけである。

POINT

損失を被るたびに、我々の内面が少しずつ明らかになる。損失を被った事例を集めれば、自らに関して多くのことが明らかになるだろう。トレーダーは損失を完全に排除することはできないのであり（それは人生において常に経験することである）、それぞれの損失の奥底に潜む宝石を見つめることによって、それらの損失を利用する方法を学ばねばならない。この宝石（教訓）は、トレーダーが次に何をしなければならないか、あるいは何を変えなければならないか、価値あるメッセージを提供してくれる。混乱していればいるほど、答えは間違いなく損失の中に隠されている。今後、損失を被った場合、必ずその中からダイヤモンドを見つけ出すことを決意してほしい。これを実行すれば、珠玉のトレーディング人生が送れるであろう。

第3章　「逆境」と「損失」

毎日を新しい気分で迎えること

　しばしば、心理的に損失から立ち直ることができなくなっているといった話を聞く。マーケットでは頻繁に困難な状況に陥りがちであることを考えれば、何らかの助言や救いを求めて本書を読んでいる人が多くいることは容易に想像がつく。こうした読者に対して、私は、トレーダーの人生は日々、これ新たなのだと言いたい。

　達成することが難しい最高レベルの成功を手にすることが真の欲求であるならば、過去の失敗、より正確に言うならば失敗による失望を忘れる一方で、その教訓だけを活用する能力を身につけなければならない。過去に犯した失敗から学んでいる限り、将来の失敗が1つずつ少なくなっているということを認識しなければならない。このように考えれば、損失は力になり得る。損失は将来の成功の一側面にすぎないのである。何回かの損失を被っただけで安易にあきらめてしまうトレーダーが多いことには驚く。しかし、少し考えれば、これは驚くには値しない。いかなる挑戦にせよ、偉大さはすべての障害を乗り越えるまで辛抱する能力にかかっているのである。「平均的な」人々は、この決意が致命的に欠けており、だからこそ、優越性や偉大さといったものが世にまれなのである。

　今日、我々が何年もマーケットをアウトパフォームできているのは、過去に失敗を重ねてきたからである。しかし、その失敗は、そこから学ぶことができたという意味で賢い失敗であった。今日、我々が正確にマーケットを見ることができるのは、何年も前に、失敗から学ぶことができる限り、失敗は恥ずかしいことではないと気づいたからである。損失には宝石、そう、成功を現実のものにする貴重な教訓が隠されている。それを探し出すことができれば、結果的に、大きな報酬がもたらされるのである。

POINT

　トレーダーが被る損失には限りがある。これは失敗にも限りがあるということを意味する。向上心のあるトレーダーが直面している問題はいかに損失を避けるかではない。重要なのは、損失からいかに学ぶかが重要である。数多くの負け方を経験することができ、そして、そこから教訓を学ぶことができれば、知恵とトレーディング手法のレベルは他の追随を許さない高みに達する。教訓は肌身離さず身につけておかねばならない。しかし、個別の損失の話は短時間での精査の後は忘れることが重要である。損失自体は教訓を満たした容器にすぎず、教訓を得てしまえば、我々の心から永久に葬り去らねばならない。そうすることによって、毎日を新しい気分で迎えることができるのである。損失から得た教訓を活かし、また限られた数の損失を1つずつ減らしながら、熟練の極みに達するべく、日々、進歩していくということである。

変えられないものを受け入れることを学ぶ

　心が落ち着く祈りに、次のようなものがある。「主よ、自らの手で変えることができるものを変える力を与え給え。自らの手で変えることができない時にはそれを受け入れる平静さを与え給え。そして、その違いを見極める知恵を与え給え」。何と力強く、深く、素晴らしい祈りであろうか。トレーダーにとって極めて力強い言葉である。すべてのトレーダーはこの祈りを決して忘れてはならない。トレーディングで利益を上げるための重要な鍵が隠されているからである。

　人生で成功するための教訓がマーケットで成功するための教訓でもあるということは素晴らしいことである。私は、幸運にも、毎年、文字通り何千人ものトレーダーと話したり、教えたり、アドバイスしたりする立場にいるが、その中で、あまりにも多くの人々が「損失を被る」という決して変えることのできない事実を変えようと、貴重な時間と労力を費やしていることに気づいたのである。いかなるビジネスにおいても受け入れなければならないことがある。トレーダーとして受け入れなければならないことは損失である。

　それでは、いったい、我々には何ができるのであろうか。熟練したトレーダーは損失をコントロールすることができる。損失を低水準に抑えることができる。損失が小さな段階で損切るのである。損失を少額に抑え、コントロールできる範囲内で監視するのである。しかし、彼らにも損失を完全に排除することはできない。損失を排除しようとすることは無駄であり、無為に労力を費やすことになる。損失は永遠になくなることはないので、損失の存在に慣れること、損失を管理することを学ばなければならない。

　この点を認識する知恵があれば、変えることができるものに注力

することができる。人生で成功するには、どれだけ勝つかではなく、負けをどれだけコントロールできるかにかかっている。それはトレーディングにも当てはまる。長いことかかって、私は不思議なことに、勝利は自然についてくると認識するようになった。トレーダーであれば、たまたま勝てる機会に遭遇することもあるが、勝つことは問題ではないのである。同様に、負けること自体も問題ではない。むしろ、損失をコントロールできないことが問題なのである。この点に注目しなければならない。それは、我々が自らの手で変えることができるものである。それができてこそ、我々は成功の頂きへと進むことができる。

POINT

　向上心のあるトレーダーがトレーディングを始めるに当たって、「損失を避ける」という、決して成し遂げることのできないことから始めることは皮肉である。トレーダーとして損失を完全に排除することは決してできない。損失は永遠になくなることはないのだ。我々の力が及ぶのは損失をコントロールすることだけである。それを適切に行うことができれば、損失に苦しむことはなくなる。注意深く観察すれば、最も才能のあるトレーダーでも負けることがわかる。それも頻繁にである。しかし、週が終わってみれば、彼らは勝っている。それは、彼らが損失を避けることに注力するのをやめ、損失をコントロールすることに大半の時間を注ぎ込んでいるからである。この点を完全に理解することができたトレーダーに奇跡は起こる。損失を適切にコントロールすることによって、かつては苦労しても逃げられていた勝利が自然とついてくるようになるのである。

第3章 「逆境」と「損失」

負けが勝ちになり得る

　株式市場で勝ち続けることは、いかにうまく負けるかということと直接に関係する。このことが頭に入ったであろうか。この革命的な発想を脳裏に焼きつけるために、別の表現もしておこう。正しく負けることを知ることは、トレーディングで成功するための基礎である。おぼろげながらでもこの真実を理解することができた者に対しては、こういう表現はどうだろうか。負け方が分からないならば、株式市場にとどまっていられる日数はそう長くはなかろうから、早々に帰り支度をすべきである。わずかに残された日々を楽しむことだ。厳しい言い方かもしれないが、これが現実である。
　このゲームで自分は負けないと考えることは妄想である。負けることは現実であり（頻繁に生じることもある）、正しく負けることを知ることは生き残るための鍵となる。たまたま運よく勝つことは誰にでもある。株価が上がれば、利益が上がり一件落着である。単純なことだ。しかし、株価が下がった場合はどうであろうか。その時はどうするのか。売るならば、どの水準で売るのか。いつ？　どのように？　こういった質問に対し、プロだけが行動を起こす前に答えることができる。初心者はダチョウのように頭を隠しただけなのに隠れたつもりになり、下落リスクには目をつぶる。あらかじめ決めておいた行動計画がないからである。
　すべてのトレーダーが我々の損切り戦略に厳密に従えば、下落リスクに対しプロのような行動がとれる。我々は、あらかじめ損切りの水準を定めずにポジションをとることはない。もちろん、損切った直後に上昇に転じる銘柄はある。そういう場合には損切ってしまったことを後悔する。このような不快な経験も、我々が選んで行っているゲームの一部なのである。しかし、我々は、いかなる銘柄に

関しても決して5パーセント、10パーセントの損失を被ることはない。ましてや15、20、あるいは40パーセントの損失を被ることはない。実際、損切り戦略の結果、いかなる取引においても3パーセント以上の損失を被ることはない。マーケットの地合が悪い時には頻繁に損切らざるを得ないこともある。しかし、環境が好転すれば、我々が最初にバンドワゴンに参加できるのである。それはなぜであろうか。答えは簡潔明瞭。資金があるからだ。損切り水準を設定しなかった者や無視した者には資金がないのである。

POINT

　注意深く選択した銘柄を損切った時、それは負けではなく、勝ちなのである。我々が繰り返し教え、諭していることである。損切りは負けではなく、勝ちなのである。最初は、多くの者が我々の言うことを信じようとはしない。彼らはそれを精神論的なトリックであり、何の根拠もないと感じるようである。しかし、トリックでも何でもない。損切ったことは、まさしく勝ったことを意味するのである。では、何に勝ったのであろうか。まず、損切ったトレーダーは投下資金の大半を取り戻している。過去にそれができればよかったのにと悔やむトレーダーは数多い。彼らは損切れなかったために葬りさられ、歴史の一部、そう、忘れられた歴史の一部となっている。次に、損切ったトレーダーは正しいポジションをとれる次なるチャンスを獲得している。マーケットに参加できず、チャンスもない人々は大勢いる。彼らは損切ればよかったと後悔するばかりである。最後に、損切ったトレーダーはマーケット参加者が得られるプレゼントを得ることができる。自尊心である。トレーダーは自らがあらかじめ定めた計画をきちんと守ることができるたびに、自らの規律、自らの決意が強まるのである。トレーダーが自らの決意に従って行動すれば、株価は上がらないかもしれないが、彼らの株は上がるのである。これらは、将来、大きな配当を生むプレゼントである。適切な水準に設定された損切りによって損失を被ったとしても、それは負けではない。我々の考えでは、勝ちである。

第3章 「逆境」と「損失」

大負けを軽蔑することを学ぶ

　オプションの行使期日であるとか、マーケット・インパクトの大きなイベントがある場合など、マーケットのボラティリティが過度に高まっている時にはトレーディング環境は厳しいものになる。こういった場合には損切りの回数が増加することは避けられない。それは不幸なことではある。しかし、そうした場合でも、損切り水準を相対的に近くに設定することによって、大負けは避けられる。

　我々は損失が大嫌いである。しかし、損失よりも嫌いなものを1つ選べといわれれば、それは大負けである。残念ながら、損失はトレーディングという上下動の激しいゲームでは避けられないものである。しかし、マーケット参加者が生き残れるか否かは、損失を少額に抑制する能力にかかっている。この事実を認識しよう。誰でもツキで勝つことはある。株価は上がるか下がるかどちらかである。この結果、勝つ確率は1/2に近いものとなる。しかし、プロのトレーダーだけが、損失を最小限にとどめることができる。プロの取引結果をみれば、彼らの損失が極めて少額であることが確認できるはずである。逆に、初心者の損失は極めて多額であろう。負けることは決して楽しい経験ではないが、時には負けなければならないのならば、小さく負けよう。常に選択できるわけではないが、選択ができる場合には、小さいほうを選ぼう。

POINT

　我々が人生において追い求めるものは決して小さなものではない。本当のところは、金持ちになりたい、巨額の利益を得たい、ストレッチ・リムジンがほしい、大きな家がほしい、海を見下ろすデッキに巨大なジャグジーがほしいといったことを認めるのである。しかし、トレーダーとして成

功したいと思った瞬間から、成功は小さな包みでもたらされるものであるということに慣れなくてはならない。トレーダーにとって小さいことが最高であることがある。損失と失敗である。少額の損失はプロのトレーダーの証である。それが逆境から即座に抜け出す能力と手段を有していることを示す。ミスを小さなものにとどめることは、損失を小さなものにとどめるという意味で望ましいものである。向上心のあるトレーダーに１つだけアドバイスをするとすれば、損失を小さなものにとどめる技術を学べということだ。大きく勝つ技術にばかり注力している者は損失が避けられない時期にどのように感じ、行動すべきかがわからないのである。損失を少額にとどめる技術を身につけた者は、勝つことを確実にするための時間を十分に確保できる。正しく負けることを学べば、損失を少額にとどめることを学べば、生き残ることができる。トレーディングでは、まず生き残ることを学ばない限り、勝つことを望むことなどできない。小さく負けることでそれが可能となる。

熟練したトレーダーの2つの人生

「2つの人生を選ぶことができるならば、1つめはミスをするもの、それもミスを犯すべくして犯すもの。そして2つめはそのミスから利益を得るものがよい」

　このD.H.ローレンスの思慮深い文章は、特にトレーダーにとって熟考に値するものである。ローレンスは、その2つの人生を生きることに懐疑的なようだが、私は、この2つの人生を生きることができなければ、人生全般はさておき、トレーディングに関しては何をしても成功しないのではないかと思う。トレーダーの成長過程の初期には必ず敗者である時期がある。過去13年間に、私は数えきれないほどのトレーダーに会ってきたが、まず、最初に敗者となった経験をしていない者に会ったことがない。もちろん、その第1段階から学ぶことができた者だけが第2段階に進み、勝つことを学ぶことができる。いかなる切り口で見ようとも、トレーダーとして、我々は損失への対処の仕方を最初に学ばなければならず、それができなければ成功の方法を学ぶことなどおぼつかない。実際、成功あるいは勝利は、損失にいかにうまく対処するかにかかっている。

　悲しいことに、向上心のあるトレーダーの大半は最初の人生において負けることから学ぶことができないために、第2の人生における勝利に近づくことすらできない。さらに不幸なことに、多くの人々がそこから学ばなければならないことに気づいてさえいない。我々はトレーダーとしての最初の人生をいかに生き延びるかに主眼を置いて、歩き方、つまずき方、転び方を教えてきた。一所懸命、規律をもって勤勉にこれらに取り組めば、第2の人生へと羽ばたいていけるのである。第2の人生においては、我々はもはや必要とは

されない。だから我々は、第1の人生をいかに生き延びるかを教えるのである。

POINT

すべての個人は、ある意味で2つの人生を送る。第1の人生は成長途上にある幼年期から青年期であり、第2の人生は壮年として成長する時期である。すべてのトレーダーもまた、トレーダーとしての幼年期を過ごすわけであるが、そのうちで壮年期に移ることができる者はごくわずかだ。トレーダーとしての壮年期は幼年期に得たすべての教訓に学び、消化し、実践に移すことが求められる。この成長過程を経験しない限り、トレーダーは幼年期から抜け出すことができないまま、大人になろうとしてもがき苦しむのである。

幼年期の成長の効率を最大化するために最適な方法は、トレーディング日誌をつけることである。すべての取引内容を記録するだけでなく、そのトレーディングに関する見解、アイデア、その取引の結果を記録しなければならない。学んだ教訓を日誌に記録することによって、その教訓を決して無駄にしないようにしなければならない。この日誌は自分を映す鏡、また、自分がどこへ向かおうとしているかを示す地図となるのである。すべての経験、感情、思考を記録する習慣を身につけることによって、最終的には、壮年期に至る恒常的な成長を確保できる。第2の人生において、第1の人生での努力と苦労が日々のトレーディングに反映されるようになるのである。

成長は時間の経過によって花開く

　奇妙に感じるかもしれないが、成長途上にあるトレーダーは、個別の取引の結果によって、自らの成長や成功を判断してはならない。個別の取引の目的は利益を上げることであり、勝つ回数が負ける回数より多いトレーダーが成功したトレーダーであることは確かである。しかし、勝ち続けるトレーダーというのは、勝者の中でもさらに上位に位置している。換言すれば、トレーダーは勝つことによって成功するわけではない。トレーダーは、成功しているから勝つのである。勝利は、長い間の成長過程という旅路を無事に経た後に咲く花のようなものだ。この旅路の最中にはほとんど勝つことはないし、旅路の前には勝ちようがない。その旅で一歩一歩成長しながらも、それでも依然として負けているのが普通である。実際、負けることが成長の糧となっているのである。大きな成長を遂げているにもかかわらず、トレーダーとしての客観的な成功、つまり、取引で利益を上げることができないでいる。これは成長が当初水面下で生じるからである。それは徐々に、密やかに自らの胎内で育つ。母の胎内で育つ子供が、9ヵ月めくらいまでは外から見てもわからないようなものである。

　残念ながら、多くのトレーダーが苦痛を伴う損失の中で成長していることを認識していない。彼らは損失を被るたびに成功へ一歩近づいていることに気づくことができないのである。この近視眼的な思考の結果、まさに成長途上にある時に脱落し、トレーディングをやめてしまう。

　自らの内面的な成長を外面的な勝ち負けで判断することは間違っている。同じ負け方を何回するかによって判断するほうが成長を測る尺度としては適している。繰り返して言おう。成長を測る尺度と

しては、同じ負け方を何回するかによって判断するほうが妥当である。負けたこと自体は進歩していないことを示すものではない。適切に対処すれば、いずれ負けは勝ちに道を譲る。そして、無意識のうちに、熟練の域のかすかな光を感じることができるようになる。しかし、熟練は生まれ育つものであることを決して忘れてはならない。熟練は瞬間にできあがるものではない。熟練は力と実質を身につけるサナギの期間を必要とする。これを理解することができた者は生き残る確率が高い。勝つためには生き残らなければならないのである。

POINT

　庭師が花の種を植える時、種は地下で成長することを知っている。庭に何も生えていないのを見た者はがっかりするかもしれないが、庭師はがっかりはしない。庭師の顔には自然への深い理解に基づく笑みがある。彼らは外面的には成長過程を確認することができなくても、内面的に成長の奇跡が生じていることを知っており、安心できるのである。すぐに、この隠れた成長が外界に姿を現す。時期がくれば、美しい花が咲くのである。我々は向上心のあるトレーダーを育てる庭師である。我々の生徒の心に植えた種は芽を出すのに時間を要する。しかし、いったん芽が出れば、成長の奇跡が始まるのである。これまで、我々は成長の奇跡を数えきれないほど目撃してきた。成長をはっきりと自覚するのは難しい。内面で素晴らしい成長が生じているにもかかわらず、トレーディングで勝てないがために失望することもあるだろう。しかし、長期にわたって失望し続けないよう努めてほしい。自らの神経をなだめ、恐れを和らげ、成長過程が完了するまで生き残るのだ。そうすれば、素晴らしいトレーダーが現出し、生き残った者が最終的には勝つという事実の生ける証拠となるのである。

負けることに耐えられなくなる時

　最近の合宿講義の場で、ある生徒が長年の夢を熱っぽい口調で語った。彼女の願望は人生の糧をマーケットから稼ぎだすプロのトレーダーになることであった。「でも」と、彼女は、突然真っ黒な雲が頭上に広がっていることに気づいたかのような口調で言った。「私は負けてばかり。怖くなってしまった」。
　「なぜ？」と、私は問いかけた。「負けるたびに私のゴールが遠ざかっていく。負けないようにしなければ。そうしなければ夢をあきらめなければならなくなってしまう。私の船は沈みかけている。助けてください」と彼女は続けた。私はそこに座ってしばし沈黙した。私は適切な言葉を探した。彼女が経験していることが最高のことだと、いかにしたら伝えることができるのだろうか。勝つためには「才能のある敗者」としての経験を経なければならないことを、戯言に聞こえないように、うまく説明することができるのだろうか。
　敗北は常に勝利の母なのである。成功した実業家が何度も何度も敗北を味わった後に成功するといった話は数えきれない。幼児は何度も何度も転んだあげくに歩けるようになるのである。ひねくれて非常識に聞こえるかもしれないが、負けることが成功への切符なのだ。負けることがトレーディングを極めるための架け橋となる。勝利するという望ましい状況は、とてつもなく大きな代償を払わない限り手にすることができないことを、多くの人は理解していない。そして、突き詰めれば、多くの人はその代償を払う勇気がないということも事実である。
　トレーディングは誰でも成功できるという種類のゲームではない。それがたいていの人々が失敗する理由であり、そして誰かが常に失敗する理由でもある。生き残ることができた者、負け続けてい

る苦しい時期を耐え抜いた者にこそ、成功の可能性が残されているのである。トレーダーとして成功している者の多くがトレーディング以外では敗者であったことを不思議に思ったことはないだろうか。彼らは負けることへの対処の仕方を学んだおかげでトレーディングでは成功しているのである。彼らは負けることを受け入れ、利用することを学んだのである。私は彼女に対して深遠な言葉を返すことはできなかった。私が言うことができたのは「それでいい」という一言だけだった。

POINT

　ジョージ・バーナード・ショーの「人生で勝ち上がるためには身構えていては駄目で、攻撃され、打ちのめされなければならない」という言葉は核心を突いている。初心者トレーダーの日々は打ちのめされることの連続である。風に耐えて強く成長する森の木々のように、転ぶたびに起き上がってくるトレーダーが尊敬を勝ち得る日をいつか経験するのである。負けを経験するたびに次に向けて自分が強くなっていることを認識してほしい。起きあがるたびに心が明るくなっていることを認識してほしい。我々は20年間のトレーディングを通じて、若きセネカが何世紀も前に発見した真実に行き当たったのである。「我々は逆境を通じて賢くなる。あまり早くに繁栄を経験すると何が正しいかがわからなくなる」

授業料を最大限活かすために

　繰り返しになるが、バーナード・ショーはかつて「人生で勝ち上がるためには身構えていては駄目で、攻撃され、打ちのめされなければならない」と言った。バーナード・ショーに相場の経験があるのかどうかは知らないが、彼の洞察に満ちた言葉にはすべてのトレーダーが学ぶべき知恵が含まれている。マーケットで学ぶためには授業料が必要だ。我々の授業料は損失を被るということである。しかし、その損失を賢く活かすことができれば、結果的には損失を少なくし利益を上げることができるようになるのである。問題は、マーケットにおける経験を活かしているか、特に、損失を活かしているか、それとも無駄にしているか」ということである。言い方を換えれば、損失を、マーケットの支配者となるための布石としているかということである。自分の失敗から学んでいるか。個々の失敗を分析しているか。トレーディングにおける１つ１つの失敗に含まれている宝石を見つけ出すことができているか。読者がそうであることを、私は心の底から望んでいる。失敗を通じて豊かな教育を受けることがマーケットへの洞察を深めるのである。

POINT

　トレーディングで勝つことは心地よいものではあるが、そこから得るものはない。負けることがトレーディングで成功するための道を拓く。

第4章
真の勝者を目指すトレーニング
失ったマネーと時間を取り戻すために

真似るべき勝者を見つけ、そして超えること

　真剣にトレーディングで生計を立てようとしているならば、まず取り組むべきは、真似るべき「勝者」を見つけることだ。ここで勝者とは、毎日あるいはほぼ毎日トレーディングを行い、安定的に利益を上げることができる真の勝者を意味している。

　勝者を騙(かた)る者は数多くいるが、真の勝者は数少ない。実際に勝っている者よりも、常に、勝ったと言う者のほうが多い。従って、勝者を見つけることは容易ではない。ましてや、よき指導者になろうとする者を見つけることは極めて難しい。しかし、これがいかに難しい作業であっても、勝者を見つけるまで諦めてはいけない。なぜ、勝者を見つけなければならないのか。デイトレーディングという困難な作業において、すべきこと、あるいは、してはならないことを学ぶのに、それよりも手っ取り早い方法はないからである。また、時間とお金を無駄に使わないで済むという点で、個人指導者に勝るものはないのである。

　我々は、この「よき指導者を見つける」というアプローチを非常に重視しており、わが社で新規に雇うトレーダーには、既に利益を上げている先輩トレーダーとコンビを組ませることを常としている。指導者のいない初心者と比べて、未知の険しい道を乗り越えてきた勝者とコンビを組んだ新人トレーダーは、試行錯誤により損失を被る時期を劇的に短縮できるのである。自分たちが見たこともない悪魔を乗り越えた先輩トレーダーと組むことによって、新人トレーダーたちは、恐れず迷わずに独り立ちし、独立した精神を持つに至るまでの期間を大幅に短縮できるのである。このように教育期間を短縮することで、生き残る確率は高まる。トレーディングにおける熟練の域に達するための道筋が平坦になるからである。そう、指

導者のいない初心者が往々にして試行錯誤の時期を乗り越えることができないことは、悲しい事実なのである。

　しかし、前述した通り、勝者を見つけることは容易ではない。初心者を自らの庇護の下に置こうとする勝者を見つけることはさらに難しい。だから、そういった勝者を見つけることができれば、決して手を離さず、一生ついていくべきである。彼らの指導を受けるためには、ありとあらゆる手段を講ずるべきである。彼らの頭脳を吸収することを目的とするのである。しかし、そのためには何でもしなければならない。弁当を持っていったり、子供たちにお土産を持っていくなど、トレーディングで得た利益を使うことをためらってはならない。必要とあらば、3ヵ月から6ヵ月の隷属期間は覚悟しなければならない。自分が選んだ指導者が真の勝者であるならば、払うべきコストが高過ぎるということはない。

　この勝者が最初の罠に満ちた行程を指導することを了解したならば、その勝者を真似ることが仕事となる。そして、彼らを超えるのである。何の生徒でも一緒であるが、指導者に伍することを試みてはならない。それでは単に真似だけに終わってしまう。目標は指導者を超えることである。この重要なポイントを強調したい。真の指導者は生徒に自らを超えさせるというただ1つの目的をもって、彼らの知識を分け与えるのである。そういう資質のある人はまれではあるが、必ず存在する。可能な限りの労力を払って捜し求めてほしい。真の勝者を見つけることができる保証はないが、見つけることができたならば、その瞬間を新しい人生の始まりだと思ってほしい。熟練したトレーダーとしての人生である。

指導者の人間性が問題である

　「指導者が情報を持っている限り、指導者の性格は問題とはならない」というのが多くの西洋人にとっての共通認識である。しかし、これは大きな間違いである。情報に生きた命を与えるのは指導者の性格であり人間性なのである。それが知識に命を息吹かせるのである。深い情熱と経験と真の学習を喚起するのは指導者であり、指導者の資質なのである。トレーダーを指導する立場から、私は教育には知識を撒き散らすこと以上のものが必要であるとの認識に至った。事実は、それ自体では決して心に訴えかけるものではない。知恵を分け与えるためには特殊な才能が必要なのであり、他人の意識を高めるためには特別な手段が必要なのである。教師を素晴らしい指導者とする手段は学んで身につくものではない。情熱や意気込み、誠実さ、エネルギー、良心、気配り、関心、そして繊細さといったものは、その辺の話し方教室に参加したり、お金で手に入れたりすることができるものではない。長年にわたって培われた値段のつけようのない資質なのである。そういった資質を指導者に見いだすことができれば、それは、注意を払う価値のある心を見つけたということなのである。

　トレーディングを専門とする教師を捜しているならば、適切な情報を有していると同時に、適切な性格を有している者を捜さなければならない。東洋では、教師と生徒の関係は神聖であると認知されているようだ。教師と生徒の関係が十分な注意を払うべきものであることがわかっているのだ。トレーディングに関しても、このような意識をもって臨んでほしい。捜し求める指導者に学んだことのある者から話を聞くことも大切であろう。

　こういったことが重要でないと感じる者もいるであろう。しかし、

求める知識は、選んだ教師というフィルターを通るものであることを意識してほしい。多くの観点から、自らの将来をその1人の人間に託しているといえる。これを軽んじてはならない。間違った指導者を信用すれば、何の見返りもない険しいだけの道を歩まされることになるかもしれない。指導者の資質は、その指導者の教育の質を決めるものである。これを忘れてはならない。

自分の将来への投資をケチってはならない

　トレーダーの教育に関しては、ケチることだけは避けなければならない。支払った対価に値するものだけを手に入れることができる、という事実は、トレーディングに関しても当てはまる。
　今日では、誰もがトレーディングの十分な教育を受けていると主張する。しかし、彼らは決して真のトレーダーではないし、真の指導者でもない。偽トレーダーや似て非なる指導者であることを端的に示すのは、彼らの値段の安さである。一流のトレーディング教育と称するものが異常に安い値段で提供されたならば、そこに真の教育を期待できるものではない。信用できないトレーディング・スクールに関する経験則は、「価値がない時には価格で勝負する」ということのようである。
　しっかりとしたトレーディング会社が何か確固たる価値のあるものを提供する時には、その価値は歴然としている。中古車ディーラーのような客寄せのための安っぽいピエロは必要ないのである。考えてもみてほしい。フェラーリがフォードのような値段で売られているだろうか。もちろん、そのようなことはないし、仮に、そのようなことがあったなら、注意しなければならない。トレーディング教育についても同じことが言える。価格が価値の唯一の尺度であるというつもりはないが、非常に厳しい尺度の1つではある。
　最高の指導者は決して安くはない。それに関しては自信がある。自らの価値を知っている才能のある教育者は、安値でその価値を貶めるようなことはしない。彼ら自身が成功の対価を払っているならば、彼らの成果を破格の安値で提供する可能性は皆無に近いだろう。成功したトレーダーが苦労して勝ち得た果実を安値で分け与えなければならない理由はどこにもない。プロのマーケット参加者になる

ために投資した時間を、端金で与える必要はどこにもない。もし、そのようなことが現実にあるというのならば、そこには分け与えるべき果実も存在しないのである。提供すべきものがある者は、その知識がいかに貴重なものであるかを知っている。彼らは自らの持てるものが、それを実践する者の人生を完全に変えてしまう可能性を知っている。成功した彼らにとって、あえて他人を教育する必要はないし、成功に至るまでの戦いの厳しさに敬意を表さない生徒などいないほうがましなのである。

教師を捜すに際しては、以下の質問に対して教師が完璧に答えられることを確認するようにしてほしい。

1) **指導者は、毎日、取引を行っているか**——この質問に対する答えが「ノー」である場合は、そのまま電話を切るか、部屋を出ることである。この質問に関して言い訳は認められない。「仮に、しかし」は禁句である。飛べない教官から飛行訓練を受ける気になるだろうか。仮に、トレーディング会社が毎日、上手に取引を行う真の指導者を提供することができないのなら、おそらく、そこにはそういう人が1人もいないのである。答えが「イエス」ならば、指導者が利益を上げているトレーダーかどうかを確認してほしい。自らの投資資金を使い果たし、疲れて燃え尽きたトレーダーが「いかに損を重ねるか」を教えている事例が極めて多いのは驚くほどである。飛ぶたびに墜落している教官から飛行訓練を受ける気になるだろうか。これ以上、何も言うことはない。

2) **授業料が異常に安くはないか**——いわゆる最高のトレーディング講座があり得ないほど安い値段ならば、それはおそらくあり得ないのである。なぜ、彼らが「値段のつけようのない貴重な」知識を安く提供しているのかを確認することである。仮に、「我々は人々を騙したくないのです」とか、「収益はト

レーディングで稼いでいるので安いのです」といった答えが返ってきたならば、一目散に走って逃げ出すことである。単に立ち去れと言っていないことに留意してほしい。走って逃げることが肝腎である。これはペテンを隠そうとする下手な言い訳である。ハーバード大学の教育を受けるためにはハーバード大学の授業料を払わなければならないということである。中古車ディーラーがいかに金持ちでも、博愛主義者であっても、フェラーリをフォードの値段で売ってくれることはあり得ないということを忘れないでほしい。人道主義者の中古車ディーラーならば、ユナイテッド・ウェイ（米国の有名な共同募金団体）の慈善基金に寄付するのであって、フェラーリをフォードの値段で売ってくれることを期待してはならない。もし、そのようなことがあったならば、警戒しなければならない。フォードの値段のフェラーリが動くはずがない。

3）**トレーディングの講座が終了した後、指導者自身が取引するところを見ることができるか**——もし、教官が取引の現場を見せたがらないようであれば、彼らのトレーディング講座は参加に値しないのではないか。見せることができる者には、見せられるだけの能力があるということである。能力がない者も教鞭をとることはできる。しかし、取引ができて教えることもできる者は、取引の現場を見られることを厭わないはずである。教官がそれを嫌がったり、言い訳を並べるようであれば、リストから外すべきである。

4）**授業では、真のトレーディング手法を教えているか、あるいは特定のトレーディング用ソフトの使い方を教えるのが目的か**——トレーディング用ソフトの使い方を学ぶことは重要ではあるが、普遍的なトレーディング手法や技術を教えることとソフトの使い方を教えることを混同してはならない。真のトレーディング教育はソフトがどのようなものであっても適

用できる。このような教育にこそ価値があるのである。特定のソフトに固有の知識の指導は、その特定のソフトを使うつもりならば意味があるが、教育としての価値は極めて低い。将来、違うソフトを使うことになったらどうするのか。お金を払って受けた授業は無駄になってしまうのか。我々がトレーディングの教育という場合には、ソフトの使い方の訓練を意味しない。それはトレーディングを生業とする会社が顧客に無料で提供するサービスである。我々が教育という場合には、トレーダーが電話を使おうと、極めてスピードの速いNASDAQのレベルIIトレーディング・システムを使おうと利益を上げることができるような、時間とともに風化することのない知識を意味する。取引に利用する手段は重要ではあるが、真の問題ではない。教育を受けていないトレーダーが驚異的な速さのトレーディング・システムを使ったところで破滅への道を突っ走るだけである。迅速な取引の執行は、自分が何をやっているかがわかっていてこそ価値があるのである。さもなければ、苦痛に満ちた死を早めるだけである。

5）**知識の炎が消えないように、教官と連絡を取り続けることができるか**——これは極めて重要なポイントである。なぜか。講座を受講した時とその後のギャップが広がり続けるならば、それは受講直後の自信喪失が主因だからである。講座終了後にフォローアップの機会を無料で、あるいは少額（既に、授業料を払っていることを忘れないでほしい）で提供するような会社は責任感があるといえるし、生徒の進歩を純粋に気に留めているといえる。

これらは一所懸命稼いだお金を授業料に注ぎこむ前に確認しなければならない質問である。これらがすべてではないが、少なくとも最初の一歩を正しく踏み出す助けにはなるであろう。

今日、取引ができ、教えることができる者

　自ら実践できる者は教えることが下手であるという諺はもはや適切ではない。かつては、トレーディングの世界でも、この諺にも少なからず真実が含まれていた時代もあった。

　そして、おそらく今日でも、限られたケースでは一定の信頼が置ける話であることもある。しかし、昔に比べて、才能のあるトレーダーが、疲れる作業ではあるが見返りも大きい教職につくことが多くなっている。私は、有能な指導者の多くが我が社の卒業生であることに誇りを持っている。私はマーケットで生計を立てるための方法を教えて5年になる。私が1日から3日間のトレーディング講座で頻繁に受ける質問は「なぜ、あなたは教えるのか?」というものである。「そんなに優れているのならば、なぜ、教えることによって時間を無駄にするのか?」という質問もある。これらは私の個人的な信念に触れずに答えることは難しい。

　過去5年間、講座の準備をしなければならないという半ば強制的な環境においてトレーディング手法や技術に関して自分自身が学ぶことが多いということに私は気づいた。そして、長いこと教えない期間があると、複雑に入り組んだ手法や技法の細部が私の骨から抜け出ていくような感じがするのである。その結果として、講座の内容が毎回少しずつ変化していくことは認めざるを得ないが、それは望ましい方向への変化である。教えるたびに、どういうわけか私の心は大きく、寛容になっていく。教えるたびに、私は見聞を広め、知識が豊富になり、力強くなり、そしてトレーダーとして熟練するのである。こうした経験を経て、知識を共有することによって知識が深まるのではないかと信じるようになった。どういう仕組みだかわからないが、誰かに教えるたびに、自分の中にさらなる知恵を受

け入れるスペースができるのである。過去数年間を振り返ってみて、私のトレーディングに対する情熱がトレーダーに対する共感に転化したことを喜ばしく思う。

　5年にわたって教えてきたことによって、私自身のトレーダーとしての成長のスピードは飛躍的に速まった。今日では、教えることによって自分自身が完成する。私がトレーダーとして成長する一方で、教えることによって、私の体内にアドレナリンが駆け巡り、力がみなぎってくる。なぜ、そのようになるのかはわからないが、事実だ。何が言いたいのか、伝えたいメッセージは何なのか、と読者は聞きたくなるであろう。ここで言いたいことは、同じことを試みてほしいということである。他人がより賢いトレーダーになる手助けをしてみてほしいということである。他人が自分のレベルに達し、あるいは自分を超えていく手助けをすることによって、自らのトレーダーとしての成長が速まるのを確認してほしい。自らを何らかのかたちで助けることなく、他人を助けることは不可能であることがすぐにわかるであろう。

　かつて、非常に賢い男が、どうしようもなくほしいものがあるならば、そのほしいものを与えなければならないと私に言ったことがある。愛がほしいならば、よりいっそうの愛を与えるのである。知識がほしいならば、知識を与えるのである。お金も同様である。ほしいものがほしいだけ手に入るかどうかはわからないが、少しでもよいから自分の持っているものを与えることによって、ほしいものを受け入れるスペースができるというのである。プロになって以来、教えることに注力してきた私には、彼が正しいということがはっきりとわかる。知識のレベルにかかわらず、教えることである。与えなくてはならない。家の屋根の上から隣近所に向かって叫ぶのである。そうして、何が起こるかを観察するのである。私の質問はこれだけである。「飛ぶ準備はできているか？」

第5章
トレーディングにおける7つの大罪

いかに戦い、打ち勝つか

第5章　トレーディングにおける7つの大罪

第1の大罪──すぐに損切りできないこと

　自分の腕一本で身を立て、何百人ものトレーダーを教えてきたプロのトレーダーとして、我々は生徒たちから次のような質問をよく受ける。

「熟練したトレーダーが最も頻繁に失敗することは何ですか？」

　我々の答えは、「早期に損失を受け入れられず、損切ることができないこと」である。我々はトレーダーの最も貴重な資源は元手であると考えている。トレーダーが元本の目減りを防ぐために可能な限りの手段を講じなければ、完全なる失敗が待ち受けている。早期に少額で損失を実現することが、元本の減少を確実に防ぐための唯一のアプローチであり、手段である。早い段階で、しかしコントロールされた損失を実現する必要がある。同時に、トレーディングを続ける限り、損失は必ず存在し続けるものであるという事実を受け入れる必要がある。おそらく、これを理解することが最も難しいのではないだろうか。

　苦しんでいるトレーダーの大半は、損失から逃れることばかりに腐心している。彼らは、恒常的に、ブローカーを替え、トレーディング・サービスを替え、情報紙を替え、トレーディング・システムを替え、祈るのである。そして、損失状況を確認することもせずに、信じられないような満足感を与えてくれないかと神頼みをするようなアプローチで聖杯(ホーリー・グレイル)を捜し求めるのである。一言で言えば、そんなことは不可能である。なぜならば、トレーディングで成功するか否かは、人生における成功と同様に、いかに損失をコントロールするかによって決まるのであり、いかに損失を回避するかによって決ま

るのではないからである。熟練したトレーダーになることを心の底から望むのであれば、損失をコントロールするというプロの負け方を学ぶことが重要な鍵となる。それが身につけるべき技術であり、大きな利益を達成するための道であり、それによってトレーディングを長く続けることが可能となる。損失を少額に抑制することによって、利益は自然とついてくるのである。

POINT

すべての損失は、癌細胞のように自らの資金を食いつくし、生活を破壊させる危険性を秘めている。したがって、トレーディングを長く続けるためには、癌が発生したら早急に取り除かなければならない。すべての損失は、当初は少額である。その時が損失をコントロールする時、あるいは完全に損切ってしまう時であり、痛みはほとんど感じることはない。この損失という癌の転移を許してしまうことがトレーダーにとって重大な問題なのである。損失が大きくなってしまうと、トレーダー自身もトレーダーの行動能力も弱まってしまう。まさしく癌のように、損失の拡大はトレーダーの知力を奪い精神力を侵し、そしてトレーダーを奴隷と化してしまうのである。成功したいのであれば、自分の将来を奪いかねない病気には十分注意しなければならない。

損切りができない罪をいかに排除するか

損切りに失敗するという、最も危険な敵の餌食にならないための手段を以下に示す。

1）状況が悪化した場合、どこで救助するかをあらかじめ決めずに、ポジションをとってはならない。「損切りの水準をあらかじめ決めずにポジションをとってはならない」ということである。損切り水準を決めずにポジションをとることは、ブレーキのない車で坂道を全速力で下るようなものである。結果として死なないかもしれないが、そんなことは死の恐怖を楽しみたい者だけがするものである。

2）常に、あらかじめ定めた水準で損切りしなければならない。これは改めて言うまでもないことであるが、熟練したトレーダーであってもこれを実行できる者は少ないので、あえて述べておく。なぜ、損切りを実行することがそんなに難しいのか。それは、損切り水準で売ることは、自分が間違えていたことを認めることになるからである。損切りは自尊心を高めることにはならないし、自信を深めることにもならない。しかし、真に優れたトレーダーは、この困難を乗り越えることを学んでいるのである。彼らは目にもとまらぬ早さで損切りをするエキスパートなのである。彼らは、自分の思った通りに動かない銘柄に対して寛容ではなく、最初にトラブルの兆候が現れた時点でそのポジションを手仕舞うのである。我々は社内のトレーダーに、ポジションをとった銘柄はただ1つの職務を遂行するために雇われた使用人だと思うようにと指導している。その職務とは上昇（下落）することである。使

用人が仕事をサボった場合にクビにするように、その銘柄が職務を遂行しない兆候を見せた場合には、すかさずクビにすべきである。我々は社内のトレーダーに対して、期待に応えない銘柄については、時と場合によっては、損切り水準に達しないでもクビにするくらい厳しく接するように指導している。

3）どうしても損切りのルールを守ることが難しい場合には、ポジションの半分を損切る癖をつけることから始める。信仰のように厳格に損切りを実行するには時間を要するものである。損切り水準を設定し厳格にそれを守ることは損失を甘んじて受けるということである。これが損切りに対して前向きになれずに苦痛を伴う理由である。躊躇せずに損切りができないトレーダーにとっては、ポジションの半分を損切るという代替策がよほど容易であろう。なぜならば、それは葛藤する2つの衝動、つまり下落銘柄のポジションを外したいという衝動と下落銘柄の反転に期待したいという衝動の双方を満足させるものだからである。問題を半分にすることで、トレーダーの明晰さと精神的な集中は飛躍的に改善することが多いようだ。心理的に逆境の苦しさが緩和され、したがってトレーダーは気分的に自信が持てるようになるのである。残りの半分をどうするかという問題は依然として残るが、問題の半分は解決しており、次の策を講じることは容易になっているはずである。

第2の大罪──利益を勘定すること

　前述したように、オスカー・ワイルドは「若かった頃には、お金が最も大事なものであると思っていた。今、歳をとって、まさにそうであることがわかった」と言った。
　すべての短期トレーダーの目的と関心は利益を上げることである。快感、行動、勝利のスリル、そして敗北の苦悩でさえもが魅力にはなる。しかし、富を劇的に増やすことができる可能性こそが、ほとんどのマーケット参加者の心に火をつけ、向上心を刺激するのである。端的に言えば、マネーを儲けることがトレーディングや投資の原動力なのだ。利益が第1の目的であり、また、第1の目的であるべきなのだが、いったんポジションをとったならば、利益のことは忘れなければならない。
　もう少し説明しよう。ある取引の益が膨らんだとか損が膨らんだとかを常に見ていることは破滅的な行動であり、大きく利益を上げる機会を奪い去るものである。この利益を勘定する行動は、恐怖を増幅するばかりでなく、その時々の不確実性を助長し、適切なトレーディング手法に集中することを邪魔するものである。そう、最終的にどれだけ利益を上げることができるかを決定するのは、適切なトレーディング手法なのである。
　少額の利益を失うのが怖くて大幅な上昇の直前に利食ってしまった経験は何回あるだろうか。損失によって神経が麻痺してしまい、まさに損切らねばならない時に動くことができなかった経験はどうだろうか。自分が何をすべきかではなく、どこにいるかに集中し過ぎると、知性と合理性を欠いた速断や反射的な行動に陥りがちである。むしろ、いついかなる時でもトレーダーは自らの選択する手段が健全であるかどうかに注意を払わなければならない。「ポジショ

ンをとるタイミングは適切であるか」「精神的な、あるいは物理的な損切りの水準は適切に設定されているか」「株価目標をいくらに設定したか。そして、その目標を達成した場合には、どのような行動をとるか」。こうした質問はトレーダーが常に自問しなければならない問のごく一部である。トレーダーの行動は分単位の株価の上下動ではなく、熟考されたトレーディング計画に基づいたものでなければならない。優れた手法は自動的に利益に結びつくのである。

POINT

　利益を勘定することは、あまり勝った経験のないトレーダーが犯す罪である。こうしたトレーダーが幸運にも少額の利益を目の当たりにすると、それを失う恐怖によって目は飛び出そうになり、手は震え、息が荒くなってしまうのである。時には、そのお金はまだ自分のものではないにもかかわらず、それを当てにして、そのポジションを閉じざるを得なくなるまでお金を使ってしまうこともあるようである。トレーディングの最中にスクルージ（ディケンズ『クリスマス・キャロル』に出てくる守銭奴）のようにお金を勘定する癖は、大きな利益の可能性を奪い去るだけでなく、利益を失うことに対する恐怖を助長し、また感情のバランスを失わせ、破滅的な行動を招くことになる。戦争（取引）終結以前に戦利品（利益）の胸算用を始める兵士（トレーダー）は、最も些細な問題を重要視しているのである。うまく戦って戦争に勝てば、戦利品は自然についてくるものであるということが、彼らには認識できないのである。戦利品に集中し過ぎることは、戦争に対する関心を散漫にする。そして、戦争に対する関心を失った兵士は往々にして戦利品ばかりか自らの命を失うのである。

第5章　トレーディングにおける7つの大罪

利益を勘定する罪をいかに排除するか

　我々は社内のトレーダーに対して、利益や損失ではなくトレーディング技術に注力するように指導している。うまく練られた戦略によって取引を終了できるように訓練している。利益を勘定する罪によって、大幅な利益の可能性を奪い去られてしまった場合には、以下の手段を実行してみてほしい。

　1）毎回の取引に際して、ポジションすべてを手仕舞うための水準を2つ設定する。まず、現在値より下に売却水準を1つ設定する。いわゆるストップ・ロス（損切り）である。そして、2つめは現在値より上に設定するのである。これは株価がそこまでは上がるであろうと判断した水準であり、株価目標として位置づけられる。具体例で見てみよう。X株を20ドルで400株購入する。ストップ・ロスを19ドルに設定する。これは心づもりだけでもいいし、実際に指値をしてもよい。そして、22ドルに株価目標を設定する。これは心の中の目標値である。ここでのポイントは、すべての取引で1つの購入価格に対し2つの売却価格が存在するということだ。つまり、ストップ・ロスと目標価格である。ストップ・ロスは防御のために用いられ、目標価格は利食いに用いられる。

　2）ストップ・ロスに達するか、あるいは目標株価に達するか、いずれかが起こった場合にのみ売却する。このルールをしっかりと守ることによって、トレーダーは自らの命運を、欲や恐怖ではなく、自らの戦略に託すことができる。前述の例を続けて見ることにしよう。X株が19ドルまで下落すれば、そこで売却し400ドルの損失となる。逆に22ドルまで上昇すれ

ば、そこで売却し800ドルの利益というわけである。
3）どうしても当初の売却水準に達するまで我慢できなくなった場合には、その時点でポジションの半分を売り、残りは当初の戦略通りとする。例えば、X株が21ドルまで上昇したとしよう。この時点で、含み益は400ドルであるが、当初の戦略では売却をすることはできない。しかし、400ドルの利益を失うには惜しいと思い始める。もちろん800ドルの利益のほうが望ましいが、利益を勘定する癖によって普通に考えることができなくなっており、同時に400ドルの利益が霧散するかもしれないという恐怖は、それを利食いたいという強い欲求となる。こうした場合は、21ドルで200株売却し200ドルの利益を確定し、残りの200株については当初の戦略通りとするのである。こうすることによって、売却したいという衝動を満足させると同時に、当初のトレーディング戦略も維持することができる。これらの3つのステップは、利益勘定の罪を完全に消し去ることはできないが、少なくとも軽くすることはできる。

第3の大罪──時間軸を変更すること

　マーケット参加者が行動する時間軸は、超短期、短期、中期、長期の大きく4つに分けることができる。我々の世界では、超短期は数分（時には数秒）から数時間を指す。短期は数日から数週間、中期は数週間から数カ月、長期は数カ月から数年といったところである。

　定義からも明らかなように、時間軸については、どの時点で1つの時間軸が終わり、次が始まるかを明確に示すことができない。むしろ、それぞれの時間軸は重なっていると見るべきであろう。ここで、多くのマーケット参加者が犯す失敗を指摘したいと思う。それは1つの時間軸で買って別の時間軸で売るという失敗である。具体的には以下に示す通りである。

　あるトレーダーが短期での値上がりを期待してある銘柄を買ったとして、しかし、計画通りには株価が上昇しなかった場合、（短期の時間軸の制約により）売却はせずに、当該銘柄を中期から長期にかけて保有することに決める。読者にも経験があるのではなかろうか。どのレベルのプロのトレーダーでも、時にはこの大罪を犯してしまうことがある。

　この時間軸の「変更」は損切りを無視することを正当化することにほかならない。損切りが破滅から身を守るための唯一の手段であることは既に見てきた通りである。また、時間軸の変更は、自らが間違ったことを認めずに済むことから、トレーダーの自尊心は守られる。この大罪を犯しているトレーダーにとっては、そのポジションを売らない限り損失は実現しない。この自己欺瞞ともいえるアプローチは非常に強い上昇相場ではうまく機能することもある。

　実際、何人かのトレーダーが数カ月にわたってこの大罪を犯し続

けたことを私はこの目で見たことがあるが、しかし、たいていの場合、この大罪を犯せばトレーダーは破滅する。悲しいことに、この大罪を犯したことによって、皆が何とか逃れようとして戦々恐々としている、冷たく、暗く、カビ臭い土牢に葬り去られたトレーダーは数限りないのである。そこでは、幽霊のような囚人が「時間軸の変更には注意せよ。私もかつてはトレーダーだった」と言うのである。私を信じてほしい。誰もそんな所に行きたくはあるまい。この大罪を避けてほしい。

POINT

　時間軸を変更することは、臆病者のごまかしである。変更によって一時的には悲惨な状況から逃れることができる。ある時間軸から別の時間軸へと変更することによってトレーダーは敗者であることをしばらく忘れることができる。また、実現性の低い計画によって損失をカムフラージュできる。そして、誤った希望によって破滅へと導かれていくのである。この大罪を犯すトレーダーはトレーディングには向いておらず、マーケットはそういう者の参加を長期にわたって容認することはないのだ。時間軸を変更する大罪は最終的にはトレーダーの決意を蝕み、自由に考え行動する能力を奪い、そして常に哀れな犠牲者へと落伍させるものである。

時間軸を変更する罪をいかに排除するか

　時間軸を変更するという大罪は許されるものではない。トレーダーがこの罪を犯せば必ず自滅するのであり、この大罪は完全に排除されなければならない。いったん習慣になってしまえば、それを打ち破ることは極めて困難である。この大罪に立ち向かうために有益なガイドラインを以下に示しておく。

1）ある時間軸をもって取引を開始したならば、その時間軸の範囲内で売却するよう計画することである。例えば、日足チャートに基づいてX株を買ったとしよう。ここで、個々の取引には１つの購入水準に対し売却水準が２つあることを想起してほしい。日中のチャートを用いてデイトレードを行うトレーダーは、特にこの失敗を起こさないように用心しなければならない。５分足や15分足のチャートを用いるならば、売却水準についても同じチャートを用いて設定しなければならない。途中で時間足や日足チャートに変更することは自己否定の行動である。
2）買い持ちの時にストップ・ロス（第１の売却水準）を下方修正（売り持ちの時には上方修正）してはならない。これは、時間軸を変更する罪を犯そうとしている兆候である。例えば、日足に基づいて、20ドルでX株を買ったとしよう。同じチャートに基づいて、ストップ・ロスと利食いの水準を設定する。仮に、X株が下落し、ストップ・ロス水準の19ドルに近づいたとしても、ストップ・ロスを18ドル、あるいはそれ以下に下方修正しようという誘惑に屈してはならない。利益を守るためにストップ・ロスを上方修正することは、適切に行う限

りにおいて問題ない。しかし、ストップ・ロスを下方修正することはストップ・ロスの利点を殺すものであり、当初計画していた行動をとることに対して怖気づかせるものである。いったん、このような行動をとってしまうと、それを繰り返してしまい、最終的にはストップ・ロスの意味がなくなり、破滅してしまうのである。

この2つのガイドラインは、時間軸を変更するという大罪を犯さないように護ってくれる。

第4の大罪──より多くを知ろうとすること

　トレーディングという胸踊るゲームで、我々はアクティブなマーケット参加者として、想像し得る限りの障害と対峙しなければならない。毎日、無数のいわゆるエキスパートたちによる誤った見方によって引き起こされる混乱を乗り越えなければならない。延々と続くさまざまな企業の業績発表や途切れることのないニュースの中から、価値があるものとないものを見極めていかねばならない。そして、自らを見失わないように管理していかねばならないのである。

　トレーダーを悩ませる心の中の悪魔は、我々が見ることができ、感じることができ、そして触ることができるものよりも、よほど危険なものなのである。心理的な弊害の中でも最大のものは引き金を引くことに対する恐怖である。読者は、ある株を買おうと思いながらも、株価があと1/8ポイント下落するのを待とうと思ったことはないだろうか。連敗していた結果、再び負けることを恐れるあまり、躊躇し、再考し、様子を見てしまった結果、大幅な株価上昇を逃してしまったことはないだろうか。こういった事例における元凶は確実性に対する欲求、あるいはより多くを知ろうとする欲求なのである。

　行動を起こす前に万全を期しておこうとすることはごく自然なことである。しかし、より多くを知ろうとせずに知的に行動できる者のところにお金は集まるのである。マーケットは期待が先行する場であり、大幅な上昇は事実関係が明らかになる前に生じてしまう傾向がある。ポジションをとる前に、より多くを知ろうとする者は、常に出足が遅く、負けるべくして負けるのである。より多くの情報を知ろうとすることにとらわれないトレーダーは自由に行動することができる。不確実性の何たるかを本当に理解することができれば、

チャートを読む側ではなく、チャートを形成する側にまわることができる。ポイントは、トレーダーとして確実にマーケットに対する安心感を求めてはならないということだ。すべての事実関係を知ることができたころには、収益機会など存在しないのである。

POINT

　ウォール街では、「噂で買って、事実で売れ」という格言がある。しかし、より多くを知ろうとするトレーダーは全く逆の行動をとらざるを得ない。つまり、事実で買うのである。噂の段階、あるいはテクニカル・アナリストが調査段階と呼ぶ段階では、すべての事実を知ることはできない。不思議なことに、その段階に収益機会があるのである。もし、事実を収集し、それに基づいて行動すればよいのであれば、あるいは、すべての事実が明らかになるまで待っていればよいのであれば、すべての人々がウォール街で成功することができるだろう。より多くのことを知ろうとすることは破滅を招く大罪である。それは行動すべき時に不作為を、そして何もすべきでない時に行動することを促すのである。この罪はトレーダーの収益機会を盗み取る泥棒のようなものであり、買わねばならない時に売り、そして手を出してはならない時に買わせることによって、トレーダーを恒常的に間違ったサイドに置くのである。２週間後に発表されるマイクロソフト社の業績が好調なものとなるかどうかを思案しているとしよう。その答えを待っていては間違いなく出遅れるのである。FDA（米食品医薬品局）が新薬の認可を行うだろうか。その認可のニュースを待っていては賢明な取引を行うには遅すぎるのである。株価は支持線でサポートされるだろうか。そんなことは誰にもわかりはしない。我々にできることは十分に検討されたトレーディング戦略を信頼して行動することだけである。200日移動平均線によって株価は上値を抑えられるだろうか。そうかもしれないし、そうでないかもしれない。我々は確率に基づいて行動するのであり、予言者ではないのである。すべての事実が明らかにならないと行動できないトレーダーが成功することはない。

より多くを知ろうとする罪をいかに排除するか

より多くを知ろうとする欲求によって取引の開始が遅れたり、絶好の取引機会を逃したりするようであれば、以下に示す行動をとることで病を排除しなければならない。

1）よいニュースを受けて買うことに対しては、極めて消極的であること。悪いニュースを受けて売ることについても同様である。プロは噂に基づいて買い、事実に基づいて売る習性があり、好材料の出た銘柄は一瞬跳ねるかもしれないが、そこで揉み合い、下落に転じる（それも時には急激な下落となる）のである。この事象は一般的にはニュース・リバーサルといわれるものであり、初心者が陥りやすい罠である。企業が好材料を発表するに際して、そのニュースがどのようなものであるか、あるいはどのような内容を含むものであるかを、足の速い資金に知られないようにすることは極めて難しい。結果として、足の速い資金はニュースが発表される前に既に当該銘柄のポジションをとっているのである。好材料は初心者の間に、我々が「うわーっ効果」と呼んでいる効果を引き起こす。「うわーっ！ X社が好材料を発表したぞ。買わなければ」という具合である。既に相当程度のポジションを積み増しているプロは初心者の買い玉を利用して自らのポジションを軽くしていくのである。機関投資家などの大口投資家がロング・ポジションを手仕舞うためには大量の買い手が必要となるのである。大口で売るべき玉を保有している投資家にとっては、初心者が慌てて買いに入ってくる状況は大歓迎なのである。「さぁ、いらっしゃい。こっちの水は甘いよ」とい

うわけである。決してそんなはずはないのだ。

2）買いの判断、売りの判断には、チャートを用いること。既に見てきたようにチャートは嘘をつかない。実際、ニュースには騙されることが多い。株価は好材料を受けて下落することがあるし（特に、そのニュースが期待通りである場合）、逆に、悪材料を受けて上昇する（特に、そのニュースの発表前に大幅に株価が下落している場合）こともある。しかし、いずれの場合においても、チャートを正しく解釈すれば、大口のプレーヤーが何をしているかがわかるのである。

3）もし、より多くのことを知ろうとして躊躇しているようであれば、少し立ち止まって、「これから知ろうとしていることは、取引に必要な情報なのか、それとも安心を得たいだけなのか」と自問自答してみること。この質問は問題を浮き彫りにする。適切な水準にストップ・ロスを設定している状況において、なぜ株価がストップ・ロスを目指して下落しているのか、その理由を探す行動は単に安心を求めているにすぎない場合が多い。それ以上知る必要はないし、なぜ下落しているのかを知る必要もない。事実は、ただ株価が事前に設定したストップ・ロス目指して下落しているにすぎない。トレーディングに関して、事実以上のことを知る必要はないのである。

第5の大罪──過度に自己満足に陥ること

　マーケットが敵意をむき出しにすることもなく、すべてがうまくいっているように見える時に、不注意によってすべてを台なしにしてはならない。連勝によって懐具合が温かくなったならば、利益を維持するために、そしてその利益を得ることを可能にした知的な精神状態を維持するために、可能な限りの手を尽くさなければならない。非常に残念なことではあるが、連勝するとガードが甘くなるということは、すべてのトレーダーが経験することである。これは自己満足によって徐々に意識が散漫となることに起因する。しかし、トレーダーとして生き残りたいのであれば、この極めて普遍的な悪癖に陥らないようにしなければならない。すべてが順調である時にこそ、警戒心を強めなければならない。最大の失敗は最大の成功の陰に隠れていることを学ぶのである。

　長期にわたって連勝すれば、ちょっと休んで勝利の甘い香りに浸るべきである。ポーカーのプロも、時に応じてポーカー・テーブルを離れてチップの枚数を勘定するものだ。

POINT

　野球においてもヒットが連続した後にスランプに陥るように、トレーディングにおいても連勝の後に大きな損失が続くことが多い。それはあたかもマーケットが１、２回の取引でまとめて損失を与えるべく、連勝中には損失を与えないようにしていたかのようでさえある。我々は、数学的な確率に逆らおうとしてはならないと教えている。社内のトレーダーが長期にわたって連勝しているならば、少し注意深く行動するように指導している。我々は、彼らが過度に自己満足に陥るという大罪を犯さないように指導している。多くの初心者は理解することができないのであるが、それは長期

にわたって連勝している間に彼らが慣れ過ぎたマーケット環境が変化している可能性があることを認識できないためである。実際、多くの場合、マーケット環境は変化しており、マーケットにおける確率も変化しているのである。あるトレーダーが５日間にわたって連勝したとしよう。この間にマーケットも力強く５連騰している。この時点でマーケットは短期的には明らかに行き過ぎであり、２日から３日の息抜きを必要としている。このトレーダーが取引を始めた日のマーケットとは異なるのである。マーケットの質は変わっており、その確率も変化している。しかし、まさにこの瞬間が、自惚れたひよっこトレーダーがポジションを大きくし一儲けを狙いにいく瞬間なのである。自らの連勝を可能にした環境がもはや存在しないということを認識できなかった結果、若造は無謀な行動をとり、それまでに稼いだ利益をすべて失うリスクを冒すのである。トレーダーが安心感を覚え、自己満足に浸り、自惚れるようになった時には、マーケットの反転は近い。そもそも彼らが自惚れることができたのは単純にマーケット環境によるものだったのである。我々の言葉を信じてほしい。そのようなマーケット環境は長続きはしない。

自己満足に陥る罪をいかに排除するか

連勝の後には、以下に示す行動をとることによって、少しの間でもよいから、一歩引くことを学ばなければならない。

1) ポジションの量を半分にする。通常の取引ロットが1000株であるならば、500株にポジションを減らすのである。たいていのトレーダーは全く逆の行動をとるという重大な失敗を犯すのである。連勝したことによって自信をつけたトレーダーは取引のロットを大きくしてしまう。彼らは連勝が終わろうとしている時にロットを大きくしてしまうのである。これが連勝中に稼いだ利益を１回か２回の取引で失ってしまう理由である。少額のロットで稼いだ利益を、多額のロットで失うことだけは避けなければならない。ポジションの金額を半分にするべき時は、４連勝から５連勝した後である。

2) 取引の頻度を減らす。１日に４回取引をするのであれば、それを２回に減らすのである。トレーダーが損失を被り始めた時に限り、この方法を選択することを勧める。もっとも、連勝が破られていない限り、ポジションの量を半分にする方法のほうが、はるかに望ましい選択である。うまくいっている時は、確かに調子がよいのである。取引の頻度を減らすことによって調子を狂わせる必要はない。取引の頻度を減らすべき時は、連勝の後、２連敗した時である。

第6の大罪――間違った勝ち方をすること

　誠実に、そして高潔に稼ぐことができるということは周知の事実である。他方で、犯罪すれすれに、そして不誠実に稼ぐこともできる。結果として稼いだマネーは全く等しいかもしれない。しかし、稼ぐ手段は大きく異なるのである。これは古くからの疑問を再考させる。つまり、「結果よければ、すべてよし」なのかという疑問である。言うまでもなく、答えはノーである。心臓外科の医師もドラッグの売人も多くを稼ぐが、彼らを同列に扱うべきではないだろう。

　この概念はトレーディングの世界においても当てはまる。初心者の多くは、マーケットにおいて間違った勝ち方をする可能性があるということを理解していない。例えば、あるトレーダーが損切りを遵守せず、結果的には利益を上げることができたとしよう。損失を計上しなければならなかった取引であるのだが、「結果」として利益を上げることができたので、このトレーダーは損切りを遵守しなかったことに喜びを感じるのである。このトレーダーは自分が自らに対して罪を犯したこと、そしてそれに対する天罰が待っていることには気づいていない。このトレーダーは間違った成功を収めたわけであり、遅かれ早かれ、この労せずして得た利益をマーケットは取り戻しにかかるのである。

　このトレーダーが次にストップ・ロスを誘発しそうな状況に直面した時、どのような行動をとるだろうか。もちろん、再びストップ・ロスを無視するのである。そうしない者はいないであろう。前回はストップ・ロスを無視することによって利益を上げたのであり、今回もそれに倣わない手はないのである。しかし、前回のように株価は反発しないかもしれない。今後数週間にわたって下落し続け、大損するまで下落し続ける株を買ってしまっているのかもしれ

ない。間違った稼ぎ方をすると、それが癖になり、無責任な行動をとるようになることを忘れてはならない。トレーダーが間違った方法で利益を上げた場合には、そうして得た利益以上の金額を失うまで間違ったアプローチを続けるのである。マーケットは不思議な存在である。利益を上げる価値のない者が利益を上げることを嫌うかのようである。正しい方法で勝つように心がけよう。間違いなくそのほうが長続きする。

POINT

　熟練したトレーダーは幸運を期待することはない。自らが失敗した場合、あるいは誤ったトレーディングを行った場合、そこから何とか利益を得ようとはしないし、また利益を得ることができたとしてもそれを喜ぶこともない。むしろ、自らの技術によってではなく、幸運によって利益を得た場合には、彼らは敗北感を味わうのである。真の勝者はマーケットにプレゼントなど落ちていないことを十分に理解している。暖かいプレゼントに見えるものでも、それは冷たい債務の化身であり、莫大な金利を払って返済しなければならないものなのである。成長途上にあるトレーダーは利益を上げる機会があまりに乏しいので、いかなる手段を講じてでも利益を得ようとする。初心者は労せずに得た利益を子供じみた、意味のない歓喜の声をもって迎えるのである。勝てる見込みのない取引で勝ったのだから、彼らにとってその利益はタナボタなのだ。彼らは苦境を乗り越え、狐との騙し合いに勝ち、危険の牙を逃れたように感じる。しかし、自らの技術によって勝ちとったものではない利益は自分のものでないということが、彼らには理解できない。間違った行動により得た利益は、利益でも何でもないということが彼らには理解できていないのである。その利益は、鮫のような取りたて人からの借金というわけだ。いずれは借金を返済せねばならず、時には血を流すこともあるかもしれない。正しい行動と正しい手法によったとしても、常に利益を上げることはできない。しかし、明らかなことが１つある。繰り返し間違った行動をとれば、最終的にトレーダーは破滅す

る。債務を取り込んではならない。正しい方法で勝つことを肝に銘じてほしい。

間違った勝ち方をする罪をいかに排除するか

この大罪から身を護るための簡単な手段を以下に示す。

1）取引に勝つたびに取引の内容を吟味する。具体的には、買い入れ、当初のストップ・ロスの設定、待ち方、資金管理、売却などについて、失敗、ルールの逸脱などがなかったかどうか確認するのである。もし、何らかの失敗が見つかったなら、その取引を失敗と位置づけ、トレーディング日誌に次回に修正を要するポイントについて書き記しておくのである。問題の根源は実際には勝っていない取引と勝った感覚を関連づけてしまうことにある。取引に関して勝った感覚を持つ場合には、それが真の勝ちであることはほとんどない。自分の行ったことは正しかった、よいことであったと自分を納得させようとしているだけなのである。これは間違った行動を助長するし、失敗を繰り返すことを促す。言うまでもないが、失敗はいずれトレーダーに報復するのである。

2）希望を持つこと（Hoping）と保有を継続すること（Holding）という2つの邪悪なHは、しばしば間違った勝ち方につながる元凶となることを認識してほしい。マーケットが非常に強い上昇相場である時には、希望を持つことによってもうまくいく場合が往々にしてある。事実を正面から認識しよう。満潮時には、すべての船の位置は高くなるのである。急速な上昇相場においては、失敗を犯したトレーダーでも生き長らえることができる。マーケットが損失を消し去ってくれるからである。しかし、こうした救いの手が何度も差し伸べられると、トレーダーは「砂に頭を突っこんで困難な状況が過ぎ去

るのを待つ」というやり方が、含み損を抱えている時の正しい方法であると信じるようになってしまう。この誤った認識は、静かにトレーダーの体内に広まってトレーダーを蝕んでしまう正真正銘の毒である。マーケットが敵意を現した際には、苦労を伴わない利益のツケを払わされるのである。この請求金額は非常に大きく、トレーダーは破産に追いこまれるのが落ちである。そして、その後、彼らの名前をマーケットで聞くことはない。2つの邪悪なHがトレーダーを破滅に陥れることを知っておくことは、少なくとも邪悪なHを封じる1つの方法である。

第7の大罪——正当化

　以下に示すシナリオの下で、トレーダーがどのような失敗を犯したかがわかるであろうか。
　日中足チャートで、いい形が形成されつつあることを確認したトレーダーは興奮していた。すべてのパズルが1つになっていくようであった。ストップ・ロスを設定した支持線近辺で出来高を伴ったリバウンドが起こりつつあった。非常に基調の強いマーケットで、午後に入って横ばいが続いていたが、急速に動きが見えてきた。トレーダーは買い注文を出し、それは執行された。瞬間的に値を上げたものの、すぐに株価は下落に転じた。含み益は一瞬のうちに消え、株価は買値近辺で方向感のない状況である。
　「いったい、何が起こっているのか」と、トレーダーは考える。午後も遅い時間帯の上昇も弱々しく、マーケットは明らかに勢いをなくしている。しかも急激に。ストップ・ロスは間近である。トレーダーは、完璧に思えた銘柄が下落している理由を探しながら株価を詳細に検証し始める。何かニュースが出たのかをチェックし（ニュースは何もない）、その後、日足チャートをチェックする。「そうか、日足で見れば問題はなさそうだ。非常にいい形をしている」「本日の安値より低い水準にストップ・ロスを下げればよいのだ。そうだ。そこが割れる可能性は低い」。完璧に思えた状況にもかかわらず株価は下落を続け、10分後には新しいストップ・ロスを執行し、トレーダーは投資資金を根こそぎ失ってしまうのである。トレーダーはイライラしながら、この瞬間にいくら損をしたかさえもわからなくなっている。
　このトレーダーの行動のどこに問題があったのか。トレーダーがマーケットの勢いが細っているのを見極められなかったことだろう

か。必ずしもそうではない。このトレーダーは以下の3点で致命的な失敗を犯しているのである。

1）時間軸を変更したこと。日中での買い入れの水準、日中でのストップ・ロスを含め、日中足チャートに基づいた戦略を立て、それに基づいて行動していたとしよう。これを途中で日足チャートに時間軸を変更し、ストップ・ロスも日足チャートに基づいて調整し、当初の計画を完全に変えてしまう。この場合、当初のリスクとリターンの関係は、トレーダーに不利な方向に歪められることになる。
2）取引計画を立てながら、その計画を実行できなかったこと。時間軸の長短にかかわらず、当初の計画を守ることは極めて重要である。計画に従って取引ができなければ、マーケットのなすがままになってしまう。そして、効率的に取引するために必要な自信が失われていくのである。
3）行動を正当化したこと。上に述べた2つの失敗の心理的な背景である。時間軸の変更あるいは当初計画の変更を正当化することは否認の一形態であると言える。つまり、現実に生じている事象の否認である。いかにマーケットの環境が悪くても、誠実であれば、たいていのマーケット参加者には勝つことができる。ほとんどのマーケット参加者は、内面からそのような強さを引き出すことができず、損失の原因を自分自身に求めるのではなく、誰か他の人間や現象に転嫁することによって楽に生きようとする。

POINT

マーケットに対して知的なアプローチをしようと思うならば、個々の取引について十分な計画を立てることが重要である。負けているトレーダーのほとんどは、どのように取引計画を立てればよいのかといった知識もな

いままに息切れせんばかりの勢いで行動する。また、取引計画を立てながらも計画に沿った行動が取れないことは重大な過失である。何をすべきかを理解していながら実行できないのならば、知識を持っている意味がない。マーケットにおいては、そういった者への報いは損失と決まっている。物事を正当化することは、その元凶であるし、またその他多くの罪の元凶でもある。たいていの人々は人間の性質上、必要以上に楽観的になりがちで、損失や苦痛を伴って終わることに関しては抵抗感が強いものである。行動すべき瞬間が来ても、多くの人々は決心することができず、飛び出す勇気を持てないのである。したがって、彼らは物事の正当化を始めるのだ。これは正しい行動から自らを逸脱させ、結果として、トレーダーは永遠にトレーディングから締め出されることになる。

正当化の罪をいかに排除するか

以下に示す2つのステップを踏むことによって、正当化を排除、あるいはコントロール可能な状況に置いておくことができる。

1）まず、トレーダーは自分が正当化を行っているかどうかを知っておく必要がある。自らが正当化を行っている兆候としては以下の3点が考えられる。

（a）「なぜ」株価がある固有の動きをするのかを自問自答し始めること。何が株価を動かしているのかはトレーダーの取引計画とは何ら関係がない。取引計画が、株価が20ドルを割り込んだら売却するというものである場合、なぜ株価が下落したかを知ることには意味がない。トレーダーのとるべき行動は、まず売却し、その後で理由を考えることである。

（b）ニュースをチェックすること。ある特定の銘柄に関するニュースを常に最新なものにしておくこと自体は悪いことではない。しかし、ニュースをチェックする理由が計画していた行動を延期するためであるならば、それは現実逃避以外の何ものでもない。

（c）「かもしれない」という観点で物事を考えること。ストップ・ロスや目標株価が近づいて行動せざるを得なくなった時に、「かもしれない」という表現を使い始めたならば、不確実性が優位になっている。ほとんどの場合、取引の途中で行動を変えるよりも、あらかじめ決めておいた取引計画に従って行動するほうが、望ましいのである。あらかじめ決めておいた計画に従って行動することが、必ずしも常に最良の結果をもたらすとは限らない。しかし、その結果として、トレ

ーダーには欠かせない資質である規律を強化しているのである。トレーダーが正当化する兆候をみせたならば、以下に述べる行動をとるしかないであろう。

2）ポジションを手仕舞う。これは厳しく聞こえるかもしれないが、これまでの経験から、正当化は好影響よりも悪影響のほうが数段大きいと確信している。すべてのポジションを手仕舞うことに抵抗があるのならば、少なくとも半分は手仕舞うべきである。端的に言えば、ポジションを持ち続ける理由を探しているのならば、その理由がないことは明白である。理由を探すということは自分では理由を持っていないということなのだ。明確な理由もなくポジションを保有しているというだけで敗者である。

どのようにして悪魔を探し出し、やっつけるか

　ヨギ・ベラ（ニューヨーク・ヤンキースの伝説的名捕手）は「私は、自らが間違ったことを確認したくはない」と言った。これは素晴らしい人物による、素晴らしい指摘である。この名監督に株式市場の経験があるのかどうかは知らないが、彼の言葉はトレーディングという困難なゲームに適用できるものである。

　トレーダーは、失敗や損失には2種類あるということを常に念頭に置いておかなければならない。1つめは平均の法則に基づくもので、避けようのないものである。2つめは7つの大罪に基づくものであり、トレーディング計画の執行ミスに基づくものである。トレーダーは、この事実を認識しなければならないばかりでなく、統計的に避けられない要因による損失と、「大罪」に基づく損失を区別することが重要である。

　損失は常にトレーディングの一部分を構成するものであることを忘れてはならない。我々がいかに知識を身につけようとも、負けは常に存在し続けるのである。トレーダーとしての目標は損失を完全に回避することではない。頭を使って損失をコントロールすることであり、統計的にすべての取引で勝つことはできないという現実に従うようにすることである。しかし、トレーディングにおいて間違った負け方は根絶しなければならない。換言すれば、我々は常に「大罪」から湧き起こってくる失敗という悪魔を「捜索し、やっつける」作業を続けなければならない。この悪魔は我々を破滅させる力を持っている。以下に我々が社内トレーダーに指導し、かつ実行を義務づけている指針を示す。これらは読者のためにもなると確信する。

【準備】

　「良い」損失と「悪い」損失の区別を始める前に、自らの進歩を確認しやすくするため、トレーディング日誌のつけ方を工夫する必要がある。以下の３つのステップはそれを容易にするものである。

1）トレーディング日誌のページの真ん中に線を引き、２つの欄をつくる。
2）左側の欄には、「すべての取引で勝つことはできない」とタイトルをつける。
3）右側の欄には、「殺すか、殺されるか」とタイトルをつける。この意味は理解できることと思う。

　これで何よりも重要な「区別」する作業に入る準備ができた。これを「良い損失と悪い損失を区別する」作業と呼ぶことにする。

【良い損失と悪い損失の区別】

1）負けた取引の詳細を入念に検証する。買い入れ、取引の管理、つまりストップ・ロスの置き方、ポジションの手仕舞い方などである。
2）検証し終えたところで、失敗が見当たらないようであれば、その取引を「すべての取引で勝つことはできない」の欄に記入し、次の取引に移るのである。これらの「失敗のない」取引については今のところは無視してかまわない。
3）検証し終えたところで、回避可能であった失敗があったならば、その取引を「殺すか、殺されるか」の欄に記入する。その際、１つ１つの失敗を区別するため、さらにカテゴリーを分ける。カテゴリーの例としては「遅すぎた買い入れタイミング」とか、「早すぎた売却」とか、「ストップ・ロスの無視」といったものが挙げられる。第６章においても類似の作業を示してある。

自分を苦しめる悪魔の親玉をやっつける

　連敗を喫した後、損失の原因の中でも１つのカテゴリーがほかよりも多くなっていることに気づくはずである。これを発見することができたならば、自分を苦しめる悪魔の親玉を見つけたことになる。これを即座に、情け容赦なく抹殺しなければならない。この時点でなすべきことは頻繁に犯す失敗を完全に根絶することである。いかなる代償を払っても、いかなる労力を使っても、抜かりなく、この失敗に終止符を打たなければならない。この失敗が、「ストップ・ロスの無視」によるものであるならば、ストップ・ロスを遵守しなければならない。ストップ・ロスを遵守するためには早期に売却しなければならないのであれば、それを断行するのである。さっさと売るのである。その後、何をしようとも、二度とストップ・ロスを越えてはならない。数日間、数週間、あるいは数ヵ月にわたって、「ストップ・ロスの無視」による損失をほかの要因による損失よりも少なくしなければならない。

　まず、最初の要因による損失の頻度が少なくなったならば、失敗の頻度の多いカテゴリーに移るのである。この作業を生きている限り続ければ、最終的には、抹殺すべき悪魔を選び出す作業が不要になる。ただ、その時に存在する悪魔をやっつけるだけでいいのである。

第6章
熟練トレーダーへの道
成功をつかむための12の法則

第1の法則──己を知る

　トレーダーにとって、自分がどのような人間であるか、あるいは何者であるかを知ることは極めて重要である。それがわかってはじめて、マーケットでどのように行動すべきかを知ることができるのである。

　トレーダーの取引スタイルは自らの傾向、好み、欲望、恐怖といったものに完全に依存する。トレーダーが自分の心理的な性質に合わない取引スタイルに無理やり自分を合わせようとするならば、結果は惨憺たるものとなるだろう。例えば、短期トレーダーの例を見てみよう。このトレーダーは10日以上にわたって1つの銘柄を保有し続けることは拷問に近いと感じるかもしれない。この特性が変えようのないものであるならば、2ヵ月以上の長期の保有を前提とする取引を行うことは大きな間違いである。トレーダーは、マーケットを通じて自分自身と戦うことになってしまう。逆に、このことを知っていれば、このトレーダーは、より早く決着がつく可能性がある取引に絞り込むことができる。損失の頻度は増加するかもしれないが、このタイプの取引が自分の性質に合っており、格段に望ましいと言える。結果として、よりよい判断がなされるのである。

　ポイントはつかめたであろうか。マーケット参加者としての自分が何者であり、どこにいるのかを確認するための質問をいくつか挙げてみることにしよう。答えを見つけることができたならば、自分が本質的にデイトレーダー（短期のトレーダー）に向いているかを判断することができるであろう。

1）忍耐強いか？　答えがイエスであるならば、本質的には中期から長期のマーケット参加者である。もし、性根が忍耐強くな

いのならば、自分の感情的あるいは心理的な側面からは短期トレーディングのほうが向いていると言える。
2）時間を持て余していると不安を感じるか？　答えがイエスであるならば、十分な時間をかければ、すべての事柄は結果的にはうまくいくと考え、またそれを信じる傾向がある。これは本質的には中期から長期のマーケット参加者であることを意味する。もし、時間が無為にすぎることが我慢できないならば、あるいは時間の経過がなくとも物事を解決できると感じているならば、生来のデイトレーダーである。
3）時間が長くなると不安になるか？　取引を開始した直後に軽い不安感を感じるようであれば、間違いなくデイトレーダーである。取引に際して、勝っていようが負けていようが、時間の経過とともに不安感が増大していくようであれば、短期トレーディングが向いている。株を買った直後にその場を離れ、友達に電話をかけたり、サンドイッチをほおばったり、新聞を読んだり、あるいは何かほかの用事ができるようであれば、デイトレーダー向きではない。

　以下の質問の答えを知ることによって、超短期、短期、中期、長期のどの時間軸に注力すればよいかを判断することができる。

1）リスク許容度はどの程度であるか？　ある取引で250ドルの含み損を抱えるとその取引は失敗であると感じるならば、適切な取引スタイルは短期である。1回の取引で1000ドルの含み損を抱えながら、それでもなお株価の上昇を期待することができるならば、長期の時間軸が適当である。
2）潜在的に大きな利益を上げることができるならば、多額の損失も辞さないか？　これが当てはまるのであれば、長期の時間軸が適当である。

3）損失を最小限に抑えながら、少額の利益を追求することに抵抗はないか？　この質問に対する答えがイエスであるならば、生来のデイトレーダーであり、超短期の時間軸が最適である。

以下の質問は、トレーディングの手法や技術の選択に役立つものである。

1）自分はギャンブラーか？
2）自分の手持ち資金を大きく賭けるのが好きか？
3）少額の利益を積み重ねるのが好きか？
4）ケチか？
5）価格と品質のどちらに重きを置くか？
6）少額の損失も許すことができないか？
7）スリルは、勝つことと同様に重要か？

このリストをまだまだ続けることができるが、言いたいことは理解してもらえたと思う。

第2の法則──敵を知る

　己を知ることは、トレーダーとしてまず取り組むべきことであるが、同時に、誰が敵なのかも知らなければならない。既に何度か述べたように、トレーディングは戦争である。しかし、誰との間での戦争なのだろうか？ トレーダーにとって、敵は主に他のトレーダーやマーケット参加者である。この点について少し考えてみよう。

　株式を買うということは、誰かが取引の反対サイドにいて、その株式を売っているのである。換言すれば、誰かが反対サイドのトレーダーが買おうとしている銘柄を処分しようとしているのであり、そのトレーダーを利用しているのである。そして、彼は自分が反対サイドのトレーダーよりも賢くて熟練していると思っている。彼はいったい誰か。彼こそが敵なのである。

　ほとんどのマーケット参加者がこの点を理解できていない。どういうわけか、たいていのトレーダーは、なんとなくマーケット全体から株式を買っていると思い込んでいる。彼らは、どこかに株券の山が積んであって、自分たちが買おうとしている銘柄は自由に手当てができるとでも思っている。これは間違いである。株式を買う時は、それは誰か別の人から買っているのである。株式を売る時は、誰か別の人がそれを買っていくのだ。問題はその誰かを識別することができるかということである。その誰かが何を考えているのか、動機は何か、考え方や感じ方はどうか、そしてその時の感情はどのようなものなのかを知ることができるだろうか。それを知ることができないのならば、自分と相手のどちらが正しいかをどのように判断すればよいのだろうか。

　NASDAQでトレーディングをする際には、NASDAQのメンバーであり顧客勘定および自己勘定で取引をするマーケット・メーカー

を相手とする取引が多いことを認識しておくことが重要である。主要なマーケット・メーカーとしては、ゴールドマン・サックス、メリルリンチ、ファースト・ボストンなどがある。馴染みのある名前とは裏腹に、NASDAQで取引をする限り、彼らは決して友人にはなり得ない。通常、彼らが我々の取引の反対サイドにいるのである。我々が買っている時には、彼らが我々に売りつけている。我々が売っている時には、彼らが我々から買いつけている。彼らは、我々が買いたいと思っている銘柄を提供してくれる親切な人々なのだろうか。とんでもない。彼らは自分たちが正しく、我々が間違っていると思っているのである。彼らは我々とは逆方向に賭けているのであり、このことは彼らが我々の敵であることを意味する。

　しかし、最大の敵は、どこか遠くのトレーダーでもマーケット参加者でもなく、己の中にいることを忘れてはならない。己こそが最大の敵なのである。我々自身が成長と発展の最大の障害なのであり、そして、我々自身しかそれを乗り越えられないのである。克服すべき心の奥に潜む悪魔は、すべて我々の内面に存在しているのであり、それらは我々自身の一部である。トレーダーとして成功したいのならば、この最大の敵を打ち負かし、生まれ変わらなければならない。しかし、我々自身を征服する前に、まず、我々自身のことを知らなければならない。「失敗は天体の運行のせいではなく、我々自身のせいである」とは、シェークスピアが何世紀も前に述べたことである。以下に、己の敵を知るための方法を示しておく。

　1）「誰が取引の相手方なのだろうか」と自問することなく、取引を行ってはならない。この質問は、自分の取引の反対サイドには、常に敵がいることを自覚させるものである。トレーディングを成功させるためには、まず誰が反対サイドにいるのかを知り、それから彼らよりもうまくやることを学ばなければならない。

2）自分以外の者に対して文句を言ってはならない。トレーダーとして敗北しかかっているのならば、損失の最終的な原因は自分自身にある。確かにほかのトレーダーやマーケット・メーカーは敵ではあるが、彼らは些細な存在である。自分自身（心の奥に潜む悪魔）を征服したトレーダーはその他のものも征服している。トレーディングを極めることは自分自身を極めることの副産物なのである。

第3の法則──早いうちに何らかの教育を受ける

　会計士や弁護士になろうとする者は、教育の重要性を十分に理解しているようである。世界的ではないとしても、全米で高等教育の必要性を求める声はかまびすしい。この学習熱への高まりの結果として、織物から化学、電気工学に至るまでありとあらゆるものを教える学校がある。しかし、不思議なことに、ことトレーディングとなると、たいていの人々はトレーディングに関する教育は必要ないと思っているようである。

　トレーディングがこの世の中で最も困難な作業の１つであることを考えれば、こういった認識は全く理解に苦しむ。しかし、たいていのマーケット参加者は、いわゆる気合いの入ったトレーダーであっても、マネーのことになると教育に関する信奉が薄れるようである。マーケットが自らの経済的な破綻を招き得る存在であることは関係がないかのようだ。たいていの人々は、何の指導も受けずに思いきって飛び込むか、さらにひどい場合には、誰か他人に委ねて飛び降りさせるのである。トレーディングで成功するように学ぶことで、大方の夢に倍するような報酬がもたらされるとしても、あまり興味がないようですらある。闇の中を何の指導もないままに独力で歩む必要があると、多くの人々が感じているようだ。

　平均的な人々は何らかの教育を受けずに弁護士や医者になろうとは夢にも思わないだろうが、ことトレーディングに関してはそういった発想は存在しないというのが現実である。どういうわけか、彼らはマーケットに何も考えずに参加し、ニューヨーク証券取引所（NYSE）のプロやNASDAQのマーケット・メーカーや我々のようなプロに対峙して勝てると思っている。言うまでもなく、この認識は真実からはほど遠い。我々は13年以上もトレーディングを行って

いる。トレーディングに関し、現在の水準に達するのは決して容易なことではなかった。現在の状況に至るまでの苦しみと苦痛は今でも思い出せるし、今でもそういった苦痛を感じることもある。知らない人が突然、家の食卓から食べ物をさらっていくようなことを、誰が黙って許すと思うか。そんなことはあり得ないのである。

　我々は5年間にわたってプロのトレーダーやマーケット・メーカー、ファンド・マネジャーを教育してきて、トレーディング教育の必要性を強く感じている。教育がトレーディングを極めるための最初の鍵であることは疑いの余地がない。我々は長いことトレーディングという名のゲームを行ってきて、勝者になる権利を得るためには、その対価を支払わなければならないことを学んだのである。ハーバード大学に授業料を払わなければ、ハーバード大学の教育は受けられないのだ。授業料は払わなければならない。そして、トレーダーが授業料を支払う方法は、進んで支払うか、意思とは関係なく支払うかの2通りしかない。マーケットはお見通しである。どちらを選択するかを決断しなければならない。進んで授業料を支払うことを勧める。何らかの教育を受けるためのステップを以下に示しておく。

1） トレーダーへの教育を実施している質の高い会社を探す。これを実行することによって、成長途上期の試行錯誤と損失を繰り返す期間を短縮できる。我々も含め、優れた教育プログラムを提供している事業者を以下に示す。

(a) **Pristine.com**（http://www.pristine.com/）――トレーディング教育のロールスロイス。1日から3日間の入門コースから6ヵ月間の育成コースまで多様で厳格なコースを用意している。より長期のプログラムとしては、プリスティーンの指導プログラムがある。我々の注力するところは、どのようにしてマーケットで生活の糧を得るかを教えることである。生徒

は、我々が日々利益を上げてきた手法と技術を実践的に学ぶ。NASDAQレベルⅡの使用方法や、チャートの読み方、ニュースを受けてのトレーディングの方法などと併せて、注文の執行方法を学ぶ。適切な思考もトレーディングで成功するためには決定的に重要なポイントである。少額ではあるが毎日安定的に利益を上げることのできる超短期トレーディングから、より大きな利益を目指す2日から5日の時間軸でのスウィング・トレーディング、そして富を蓄積する目的での中期トレーディングまで、さまざまなトレーディング・スタイルを指導する。卒業生の多くはプロのトレーダーとして成功している。卒業生の中には教鞭を執る者もいるし、個人指導を行う者もいる。Pristine.comは、トレーダーとして成功しようと思っている者ばかりでなく、成功したトレーダーから学びたいという者を引きつけている。

(b) **コーナーストーン証券**——早い時期に電子取引に特化した会社の1つ。デイトレーディングの世界でプロになろうとしているならば、コーナーストーン社に興味を持つこともあるだろう。同社は全米に20以上の支店を有しており、そこでトレーディングをしたいと思う者には最高の広範なプログラムを提供している。コーナーストーン社は教育を非常に重視しており、同社は米国でもトップクラスのトレーダーを輩出しているという点で評価されている。そこの指導教官のすべてとは言わないが、ほとんどは我が社の卒業生である。

(c) **トレーダーズ・エッジ・ネット**（http:// www.daytrading.com/）——無駄のない、充実したトレーディングの殿堂。ベストセラーとなった『The Electronic Day Trader』の著者であるマーク・フリードファーティグとジョージ・ウエストの両氏が経営するトレーダーズ・エッジ・ネット社は、プロのように取引することを学ぼうとする者に対し、1週間の講

座を提供している。この講座は、NASDAQレベルⅡの基本的な解釈、ウォッチャー社のソフトウェアの特訓、NASDAQにおいて非常に高速な取引執行を可能にするDOSベースのプラットフォームなどを指導してくれる。同社の兄弟会社であるブロードウェイ・トレーディング社には非常に優れたトレーダーが多い。

2）内容のあるトレーディング教本を読む。トレーディングやマーケットでの動き方を扱ったマーケット関連の書物は山ほどあり、その数も幾何級数的に増加している。残念なことに、これらの書物の大半は曖昧な学問的な理論や基礎中の基礎に毛が生えた程度のことしか書かれていない。最高の書物は、トレーダーが適切な考え方を持てるようにしてくれるものである。トレーディング手法や技術はもちろん重要であるが、ほとんどの書物にはその辺のところにさえ言及していない。したがって、考え方と技術的な要素の双方をカバーする書物は純度の高い金のようなものである。成長途上にあるトレーダーの役に立つであろう10冊の本を以下にあげておいた。10冊すべてが2つの要素を兼ね備えているわけではないが、どれも読む価値のあるものばかりである。特に『How I Made $2 Million in the Stock Market』は2つの要素を含んでおり、我々の考え方と取引の方法に大きな影響を与えたものである。

【推薦図書】

(1) How I Made $2 Million in the Stock Market, by Nicholas Darvas（Lyle Stuart/Paperback/1986)
(2) Trading for a Living, by Dr. Alexander Elder（John Wiley & Sons/Hardcover/1993)
(3) Japanese Candlestick Charting Techniques, by Steve Nison

（Prentice Hall Press/2nd edition/Hardcover/2001）
(4) How to Make Money in Stocks, by William J. O'Neill, （McGraw-Hill/3rd edition/Paperback/2002）
(5) The Disciplined Trader, by Mark Douglas（Prentice Hall Press/Hardcover/1990）
(6) Winner Take All, by William Gallacher（Probus Professional Pub/revised edition/Hardcover/1993）（McGraw-Hill/Paper Back/1997）
(7) Reminiscence of a Stock Operator, by Edwin Lefver（John Wiley & Sons/Paperback/1993）
『欲望と幻想の市場──伝説の投機王リバモア』（林　康史訳、東洋経済新報社、1999年）
(8) The Electronic Day Trader, by Marc Friedfertig and George West（McGraw-Hill/Paperback/2000）（McGraw-Hill/Hardcover/1998）
(9) How to Get Started in Electronic Day Trading, by David Nasser（McGraw-Hill/Paperback/2001）（McGraw-Hill/Hardcover/2000）
(10) Strategies for the On-line Day Trader, by Fernando Gonzalez and William Rhee（McGraw-Hill/Hardcover/1999）

第4の法則──己の最も貴重な資源を守る

　投資銘柄の格付の引き下げ、業績の下方修正、ネガティブな経済指標などによって、自分のポジションを含めマーケット全体が下落するような事態に対処せざるを得ない状況に追い込まれることがある。損失はすべてのマーケット参加者にとって、常に存在するものであり、また避けられない現実ではあるが、決して心地よいものではない。損失が自分のコントロールの効かない要因によってもたらされた場合は、特にそうである。金融市場から不確実性の要素を完全に排除することはできないのであり、したがって、常に防衛的な売却の戦略を立てておかねばならない。我々はこの戦略を「保険戦略」と呼んでおり、極端過ぎるほどに常日頃から強調していることである。

　我々の最も貴重な資源である当初の資金を守るためには、できる限りのことをしなければならない。当初の資金が枯渇してしまえば、すべて終了、破滅なのである。ことの重要さが理解できたであろうか。何よりも資金を守ることが重要なのである。何度も言うように、プロのトレーダーは１つの買いに対して必ず２つの売り水準を設定しなければならない。売り水準の１つは買いの水準よりも高い水準に設定するものであり、利食いの目安となるものである。そして、我々が厳しい現実の世界にいる限り、ポジションが不利になった場合に備えた売り水準も設定しておかねばならない。

　人間というものは元来楽観的なものであり、あまりに単純過ぎることも往々にしてあるために、この「防衛的な売却」はトレーダーの興味をほとんど惹かないのである。これがほとんどの場合に利益の額が損失の額よりも小さい理由である。プリスティーン社のトレーダーは、少なくともこの点については人間的であることは許され

ない。簡単な話、そうでなければ資金が続かないのである。

　取引をする時には、必ず3つの価格を念頭に置いておいてほしい。つまり、買い入れ価格、利食いの価格、防衛的なストップ・ロスの価格である。これが当社流の保険である。その中でも防衛的なストップ・ロスの価格が、少なくとも取引開始直後は最も重要であることを常に認識しておいてほしい。この価格がマーケットにおける生命線なのである。ストップ・ロスは自分が間違っていた場合の最大損失額を示すものである。そして、最も重要なことは、ストップ・ロスがトレーディングにおいて破滅を導く株価急落から自分を守るものだということである。ストップ・ロスによって損を出す頻度は増加するかもしれないが、損失の額は総じて少額であり、長期的に見ればとるに足らないものである。我々の言葉を信じてほしい。我々は大きく負けたこともあるし、それほどでなかったこともある。負けは少額であるに越したことはない。いかなる代償を払ってでも、貴重な資源を守らなければならない。

　2日から2週間程度の時間軸のスウィング・トレードと数分から数時間の時間軸のデイトレードについて、どのようにプリスティーンの保険を用いるかを以下に示しておく。

スウィング・トレードの場合

1）最初にポジションをとる時は、3つの価格を設定する。購入価格は日足チャートに基づいて決定される。
2）購入後、防衛的な売却価格を当日の安値と前日の安値のいずれか安いほうから1/16ポイントから1/8ポイント低い価格に設定する。具体例で見てみよう。X株を20ドルで購入したとしよう。当日の安値は19.25ドルであり、前日の安値は18.50ドルである。前日の安値のほうが当日の安値より安いので、防衛的なストップ・ロスを18ドル7/16か18ドル3/8に設定するのである。

3）ここで設定した当初のストップ・ロスは、ポジションをとった日を含め少なくとも2営業日は変更しない。2営業日が経過した後は、含み益を守るためにストップ・ロスを上方修正することが多い。

デイトレードの場合
1）最初に、日中のトレードに関するポジションのとり方に従ってポジションをとる。この購入価格は5分足か15分足のバーチャートに基づいて決定する。
2）購入後、防衛的な売却価格を5分足か15分足のいずれか購入の根拠としたチャートの安値から1/16ポイント低い価格に設定する。すなわち、5分足に基づいてポジションをとったならば、購入時点の5分足の安値に対して設定し、15分足に基づいてポジションをとったならば、購入時点の15分足の安値に対して設定する。

第5の法則――物事を複雑にしない

　聖杯(ホーリー・グレイル)を死に物狂いで探し求めるトレーダーは、「やたらと複雑なもの」不必要に飛びつくことが多いようである。対数であったり、神経学的な考え方であったり、混乱を極める数学的なトレーディング式であったりするが、それらは基本から逸脱している。

　ここで基本とは、メジャー・トレンドラインであるとか、支持線・抵抗線、出来高の増減、主要な移動平均線、チャート・パターンのたぐいである。西洋人は、複雑なものでなければうまく機能しないと考えがちである。我々の見方は、この誤った認識とは正反対である。単純なアプローチから生まれる明晰な行動に対する確信は筆舌に尽くし難い。我々の講座の生徒は皆、この基本をしっかりと身につけ、それを絶え間なく修正していくことの価値を学ぶのである。今この場で、基本を確実に習得する決心をしてほしい。単純明快であることが明晰さの母であることがすぐにわかるであろう。以下の質問のいずれか1つにでも該当するのであれば、トレーディングに対するアプローチが複雑すぎる可能性が高い。

1）あなたのトレーディング手法や技術は12歳の賢明な子供にも理解できるか。
2）あなたのアプローチは数学的な計算式を必要とするか。
3）取引に際して計算機が必要か。
4）取引を実行するために3つ以上のソフトウェアが必要か。
5）取引戦略を紙に書くとしたら5分以上必要か。

　これらの質問は複雑さを確認するものである。できる限り、単純さを維持するように努めてほしい。

第6の法則──己の損失から学ぶ

　マーケットを極めることは苦難に満ちた旅路である。危険と損失、試行錯誤は向上心のあるトレーダーが乗り越えなければならないものであるが、それにあえて挑む者の心に穴を穿ち、背骨を打ち砕きかねない。驚くべき明敏さでマーケットを動き回るトレーダーについて、偶然自らの才能に気づいたのではないかとか、天賦の才能なのではないかとか、多くの人々が安易に決めつけてしまうことは残念である。それは真実からはほど遠い。苦痛。損失。挫折。混乱。不確実性。矛盾。これらの状況は、目標とすべき高みに達するためには、教育が必要であることを示すものである。

　今日、成功を享受しているトレーダーは皆、かつて敗者の苦痛と苦しみを経験しているのは間違いない。人間というものは、成功からは学ぶことはなく、むしろ失敗に終わったものから学ぶのである。我々大人は火に触れてはいけないことを知っているが、それは子供の時に火傷の経験をしているからである。あらゆる負け方を経験してから、勝ち方を学ぶのだ。

　ここで質問がある。マーケットで失敗した時、それにどう対処しているか。失敗の経験が無駄になり、無視され、傷口はうずくままにされ、時間とともに忘れ去られているようなことはないか。そう、失敗が、将来に向けて行ってはならないことの貴重な例として活用されているであろうか。

　損失の中にこそ、探し求めている成功への秘訣が隠されているのである。いったんかがまないと、前に大きく跳ぶことができないことを忘れないでほしい。前に跳ぶために、まずかがむのだ。これは自然の法則である。これが成功の青写真であり、それがトレーディングを極めるための方法なのである。いったん後ろに下がらなけれ

ば、前に跳ぶ力は弱々しいものになってしまう。損失を被っても、嘆いたり、泣き言を言ったりするのはやめよう。むしろ、喜ばなければならないほどではないか。その損失は、適切に対処することによって、将来の成功へ導く天使になり得るのである。

POINT

　トレーダーにとって最も価値のあるツールは、巧みなマーケット指標でも魅力的なトレーディング手法でもない。簡素ではあるが効果の大きい、損失を記録した日誌である。すべての損失の記録をつけることによって、損失の傾向や頻繁に生じる損失が見つけやすくなるのである。例えば、5連敗の内容を検証し、5回のうち4回はポジションをとるのが遅過ぎたからだとわかったとしよう。この貴重な発見は、適切に対処できれば、勝率を劇的に上昇させる鍵となる。より早い段階でポジションをとること、あるいは買おうとする銘柄が上昇している場合に深追いし過ぎないことに注力すればよいのである。

　数年前、私は日誌を検証し、興味深い発見をした。慎重な検証の結果、私の損失の78パーセントは株価が8ドルから15ドルの範囲内にある銘柄で生じていたのである。その発見をした日のことを昨日のことのように覚えている。その驚くべき発見は、日誌をつけていなければ到底なし得ないものであった。検証によって、私が低位株に手を出さなければ、少なくとも利益が2倍になっていたという単純な事実が明らかになった。

　失敗を詳細に検証することによって、多くの素晴らしい発見があるのである。失敗を記録する日誌は、自分が誰であるか、何者であるか、そしてどこにいるかを明らかにしてくれる。時間的推移と併せて用いれば、自分が何処に向かっているのか、あるいは、向かっていないのかも教えてくれる。私は決して日誌を置いて家を出ることはない。家の中にいても日誌を手放すことはない。5歳になる私の娘は転ぶことによって歩くことを学んだ。今では、彼女は十分に学習している。私も、まず負けることによって学んだのである。今では、私は、世界中のトレーダーの卵に、自分のよう

に勝つ方法を教えている。勝利は自然とやってくるのである。
　正しく負ける方法を学びさえすれば、夢が現実となるのを待つばかりなのである。

第6章　熟練トレーダーへの道

第7の法則──トレーディング日誌をつける

　トレーダーの行動の中で最も価値のあるものの１つに、トレーディングにおける失敗を日誌に記録することが挙げられる。我々の生徒とニューズレターの購読者のほとんどは認識していることと思うが、適切に対処することができれば、失敗（人生においてもマーケットにおいても）は一段の高みに至るための試金石になる。

　マーケットにおける失敗に関する詳細な記録を残すことは、自分が何者なのか、どこに行こうとしているのかを知る手助けとなる。７年ほど前になるが、この単純な作業によって、私のトレーディングの正確性は想像だにしないレベルにまで高まった。同じことが読者にも起こり得る。以下に、私がどのように作業を行ったかを示すことにする。

　まず、証券会社からの無残な計算書をかき集めて、負けた取引について約定日、銘柄コード、購入価格、売却価格、手数料合計、取引の理由などの砂を噛むような詳細事項を書き記すのである。そして、チャートを用いて負けた取引を検証する。私は「The Executioner」（http://www.executioner.com/）のチャート機能を用いている。詳細に吟味することによって、繰り返し同じような間違いを犯していることに気づいたのである。そこで、これらの間違いを「ポジションをとるのが遅過ぎた」「売却が早過ぎた」「持ち過ぎた」「欲を出し過ぎた」「神経質になり過ぎた」「ストップ・ロスを無視した」といった異なるカテゴリーに分類することにした。

　この作業を終えると、私が何者であるか（駄目になりそうな初心者）がはっきりしてきて、この状況を脱して別の人間（成功したプロ）になるためには何をすればよいかがわかってきた。ほかの失敗はさておき、最も頻度の高い失敗に注目し、排除することに努めた

のである。その失敗が完全になくなるまで休みはしなかった。それが済むと、次に頻度の高い失敗を排除することに取り組んだ。そして、その次の失敗を排除し、さらに次に取り組んだのである。

10ヵ月経って、最後に残された失敗に取り組んでいる時に、それまでの7ヵ月間、何の意識もないままトレーディングで利益を上げていたことに気がついた。私は失敗を排除することに集中しきっており、利益を上げていることには全く気づかなかった。まさに勝利は自然についてくるものだということの証ではなかろうか。

トレーディングの成功は、その勝ち方によってではなく、負け方によって決まってくるのである。勝ち方は正しいが負け方が間違っているトレーダーは、最終的には過去の人となる。勝ち方は正しくないが負け方が正しいトレーダーは、最終的に自らが正しいことが示されるまで生き残ることができるのである。正しく勝ち、正しく負けることができる、たぐいまれなるトレーダーは、お金の使い途を考えなければならないほど儲けるようになる。この失敗を検証する作業を行うことによって、何をしてはならないかを学び、利益が膨らんでいったのである。

日誌をつけることである。そして、自分のトレーディング能力が向上していくのを確認してほしい。日誌をつけるという単純な作業がいかにトレーディングにおける最大の悪魔を排除する助けとなるか、そして結果として、自分の勝つ能力がいかに増強されるかに驚くことだろう。

以下に、トレーディング日誌の付け方を示しておく。

【取引No.1】
約定日：6/15/99
マーケット・レーティング：買い
銘柄コード：PSFT
取引量：100株

取引のサイド：買い
取引スタイル：スウィング・トレード
買い入れ価格：18.50ドル
ポジションをとった理由：30分の買いルール
当初のストップ・ロス：17.50ドル（前日の安値よりも下方に設定）
目標株価：20.50から21ドル（200日移動平均線を試す動き）
売却日：6/16/99
売却価格：16.75ドル
売却理由：当初のストップ・ロスを下回ったこと
損益結果：1.75ドル、つまり、175ドルの損失（手数料抜き）

【失敗その1】
　引き金を引くことを恐れたこと。買い入れに際して躊躇したことによって、買い入れ価額が買うべき水準よりも1/4ポイント高くなってしまった。この失敗だけで25ドルのコストが発生した。

【失敗その2】
　ストップ・ロスを無視したこと。17.50ドルのストップ・ロスにおいて、希望という名の敵に屈した。砂の中に頭を突っこんで、反発の可能性のほうが高いと信じようとした。この失敗によって、さらに3/4ポイント、つまり75ドルのコストが発生した。

【失敗その3】
　該当なし。

　このような取引を日誌につけることによって、トレーダーが必要とする情報がつまびらかになる。引き金を引くことに対する恐怖とストップ・ロスを無視するという、ここで取り上げた2つの失敗は、

このトレーダーが楽観的ではなく懐疑的であり、そして、最も懐疑的でなければならない時に、無意味に楽観的であったことを示すものである。これらは通常は気づくこともなく、やりすごしてしまうほど普通の状況なのである。しかし、このように失敗を日誌につけることによって、こうした隠された事柄が明らかにされ、自分が何者であるのか、何処へ行こうとしているのかが明確になるのである。
　この2つの失敗のパターンが続くようなら、このトレーダーはこれらの2つの感情を封印し、例えば、以後10回の取引においては決してこれらの失敗を犯さないようにすることを唯一の目的とするのである。失敗を1つだけ取り上げても、2つ同時に取り上げても構わない。いずれにせよ、トレーダーの関心は、利益を上げることにあるのではなく、どの取引においても、あらかじめ設定したストップ・ロスを割り込まないようにすることにある。それがストップ・ロスを前にして狂信的に売ることであったとしても、ただ1つの取引たりともストップ・ロスを割り込むことを許してはならない。むしろ、すべてのポジションが落ち込んで、この悪魔（危険な癖）の背骨を打ち砕くことを望むべきでさえある。
　また、当初ポジションをとるに際しては、トレーダーは極めて機械的に行動しなければならない。いったん買いのシグナルが出たのであれば、トレーダーの仕事は、あらゆる思考を振り払って取引を実行することでなければならない。繰り返しになるが、それが狂信的な作業であったとしても、いかなる代償を払ったとしても、すべての取引について実行しなければならない。最終的な効果は利益を上げることにあるとしても、ここでは必ずしも利益が目的なのではない。むしろ、ここでの目的は、トレーダーを永久にマーケットに参加できなくする恐れのある2つの「悪魔」をやっつけることである。
　損失を被った取引すべてを日誌につけることによって、自分自身に奇跡が起こるのである。我々はこれを実行して暫く後に自分たち

のトレーディングが一段高いところに昇華したことを身をもって体験している。「損失日誌」をつけることは、我々の生徒にも課していることである。どうか試してみてほしい。間違いなくトレーディングに大いに役立つ。

第8の法則──低位株にばかり注目してはならない

　自分の失敗を1つ挙げろと言われれば、株価水準にとらわれて取引をしたことである。私が何百回となく繰り返してきた大失敗である。初心者の失敗として、ストップ・ロスを守らないことに次いで、これが最も犠牲者を多く出しているものであろう。私は、その衝動がどこから来て、なぜ存在するのかを理解している。しかし、その衝動は間違っており、すべてのトレーダーはそれが間違っているということを認識しなければならない。

　この衝動の主な要因は、資金に限りがあることである。資金に限りがあることによって、多くのトレーダーは株価が低位にある銘柄を選好しがちである。しかし、それは間違っているのだ。株価水準が高くなるに従って、勝つ確率も上昇するということを認識しなければならない。次の事例を考えてみてほしい。10ドルの株価が2ドル動くためには、20パーセントの上昇が必要なのである。そのような上昇率は、1年間かかって実現したとしても喜ぶトレーダーが多い。実際、プロのファンド・マネジャーの6割は、年間でもそれほどの利回りを上げてはいない。それにもかかわらず、1日や2日で、それだけの上昇率を期待するトレーダーが多いのだ。

　それが不可能なことかといえば、もちろん、可能である。それならば、何が問題なのだろうか。ここで問題は、資金に限りのあるトレーダーが、まさに高い勝率を必要とする者なのだということであり、また、低位株にばかり注目することが、勝率の低い世界での勝負だということである。勝率が高いという理由だけから言っても、高位にある株を少ない株数で取引するほうが望ましい。次の事例を考えてみよう。株価が60ドルの銘柄が2ドル上昇するのは、どのく

らい容易であろうか。答えは、よほど容易であるということである。60ドルの株価が2ドル上昇することは、1日でも十分に可能である。10ドルの株価が2ドル上昇するのはまれで、翌日の新聞で取り上げられるほど珍しいことなのである。

　トレーディングというゲームはほぼ全面的に確率に依存する。ある意味で、トレーディングは単純ではあるが、執行の難しい「ナンバーズ」のようなものである。そして、成功の確率が最も高いものがどこにあるかを認識できないトレーダーは極めて短命に終わる。極めてエキサイティングだということは確かだ。しかし、本書を読んでいるということは、読者は単にエキサイティングである以上の何かを求めているのだろう。もしそうならば、高水準の株価の銘柄で、頻繁にポジションをとるべきである。それらはより大きな働きをみせてくれるはずである。そもそも、「支払った価値のものしか手に入れることはできない」と、母親に教わらなかっただろうか。

POINT

　ここでの戒めは、低位株に全く手を出してはならないというものではない。実際、我々が新人の社内トレーダーを訓練する時には、リスクが小さいという理由で、低位株を用いる。しかし、新人トレーダーが訓練を受け、マーケットの機能やマーケットのでたらめな動きを活かすトレーディング戦略などについて十分に理解した後は、徐々に取引の対象銘柄を株価水準の高いものへと変えていく。また、我々が「アキュムレーション・アプローチ」を実践する場合には低位株を用いる。アキュムレーション・アプローチとは、大きな動きが見込まれる場合、その1日から2日前にかけて、比較的大きなポジションをとるアプローチをいう。これは高度な戦略であり、社内のシニア・トレーダーが実践するものである。低位株も時にはいい目をみさせてくれることもあるが、たいていの場合は、株価が高位にある銘柄のほうが頻繁に果実をもたらす。

第9の法則──分散投資をしてはならない

　プロの投資家の間で最も頻繁に用いられる用語の1つに「分散投資」というものがある。今日では、「分散投資をしなければならない」という口上を少なくとも10回やそこらは聞かないことには、証券口座を開くことも、ファイナンスに関する本を読むことも、投資顧問会社の人間と会うことも、あるいはフィナンシャル・プランナーとビールを飲むことさえできない。我々は優先株（preferred stock）と家畜（livestock）の違いを知る前に、「1つの籠の中にすべての卵を入れてはならない」という考え方を叩きこまれるのである。しかし、時が経つにつれて、この教義の有効性に疑問を抱くようになり、そしてその過程において興味深い発見をするのである。熟練したトレーダーならば、あらゆる事柄に疑問を抱くべきである。最も基本的な公理だと認識されているものに対しても、実際にはどうかを検証すべきである。その結果については大きな驚きを受けることであろう。

　奇妙なことに、十分に分散投資を行うことによって個人の進歩が損なわれるのである。また、トレーダーが正しい時には、分散投資を行うことによって収益は減殺されるのである。もちろん、トレーダーが間違っている時には、分散投資を行うことは大きな損失に対する防衛的なバッファーとなる。この事実は興味深い。分散投資は損失を回避するものではなく、また利益を上げる確率を増加させるものでもないのである。分散投資は、トレーダーが間違えた時のクッションを厚くするだけなのである。

　読者がどうだかは知らないが、我々は負けた時の痛手を小さくすることよりは、正しい判断をすることの確率を高める（つまり、その頻度を高める）ことのほうに興味がある。我々の言うことを間違

って理解しないでほしい。分散投資には確かに価値はある。他方で、これまでに繰り返し述べてきたように、正しく負けることはトレーディングの重要な要素である。トレーダーに才能がある場合には、分散投資は意義が少ないということなのだ。要するに、十分に分散投資を行うことは、才能のなさをカバーするにすぎない。分散投資の概念は損失を受け入れやすいものにするということなのである。分散投資をするに適した時期はあるが、まずは完全な勝者になることに注力されたい。考えてもみてほしい。10回のうち8回勝てるトレーダーに分散投資が必要だろうか。トレーディングを極めたトレーダーは可能な限り勝率を高めることに注力すればよく、分散投資はただ単に、勝率を低くするだけなのである。

POINT

　分散投資にも一理あるという事実を軽んじるつもりはない。しかし、短期トレーディングという若干毛色の異なる投資行動に関しては、分散投資は過大評価されていると認識せざるを得ない。熟練したトレーダーが自らの正確さを最大限に活かすべくポジションを集中させる時ばかりでなく、初心者も、１つ１つの取引ごとに理解度を深めていくほうがよい。成長途上にあるトレーダーが最も避けなければならない行動は、判断の機会を増やすことによって、頻繁に犯す失敗を増幅させることである。まず当初は、判断の機会が少ないほうが望ましい。しかし、十分に成長した後でも、これは当てはまる。理解が深まり、判断の正確性が高まってくれば、分散投資というセーフティ・ネットは不要になってくる。トレーディングの世界においては、才能の増大は分散投資の必要を縮小させるのである。

第10の法則──時には何もしないことが最良の行動である

　長年にわたって、世界中の何千人ものマーケット参加者と話をし、カウンセリングをし、指導し、そして講義してきた結果、初心者のトレーダーが陥る問題は次の2点に集約されることがわかった。第1が「忍耐力の欠如」であり、第2が「時には何もしないことが最良の行動であると認識できないこと」である。

　保有銘柄を売却した翌日か翌々日に株価が急騰したという経験は何回あるだろうか。そして、それらの売却のうち、あらかじめ設定していた売却水準での売却は何回あり、逆に自分が不安になったり、飽きたり、あるいは他のことに邪魔されたりしたことによる売却は何回あったであろうか。ポジションをとる前に売却戦略を描いておくことは熟練したトレーダーの証である。しかし、熟練したトレーダーであっても、株価の動きに何ら問題ないにもかかわらず、事前の売却戦略を破って早過ぎるタイミングで売却してしまうことはある。そうした傾向が自分にあるならば、よく注意してほしい。その傾向が続くならば、トレーディングの世界では生きていけない。

　2つめの問題点は、飛び抜けて重大な問題であり、「利益を上げたり損失を計上したり」という不安定な状況を招く要因である。利益と損失の往復運動は、それだけで1冊の本が書けるほどである。しかし、取引をすべきでない時を知ることは、この往復運動を終了させる魔法の薬となる。たいていのトレーダーは「何もしないこと」の便益を認識できないでいる。たいていのトレーダーは、自分に十分実力があれば、何かすることができる、あるいは何らかの銘柄について取引ができるという誤った認識を持つのである。この認識は幼稚であるばかりでなく、害となり得るものである。

第6章　熟練トレーダーへの道

　プロのトレーダーというものは、単なるギャンブラーというよりも、ポーカーのプロのようなものである。正しくオッズを評価できるポーカーのプロには十分な勝ち目がある。真実は、何もしないことが時には最良の行動となるということであり、「何かをすること」と「何もしないこと」の対極をいつ、どのようにうまく行き来すればよいかを知ることができれば、トレーダーとして稀有な存在に上りつめることができる。
　どうか、この2点を心に留めてほしい。その価値は、本書の価格を数段上回るものである。

POINT

　熟練したトレーダーの最も価値のある能力は、適切な時に「不作為」を押し通せることである。何もしないことは成功を極めたトレーダーのみが使いこなせる有効な手段である。それは何万ドルもの損失を防ぐだけでなく、何万ドルもの利益を上げることさえ可能にする。私は、成長途上にあるトレーダーが、日中の早い時期にそこそこの利益を上げながらも、結局、終わってみれば利益をすべて失ってしまうという例を見てきた。彼らは、適切な不作為の便益を理解することができないがために、一所懸命稼いだ利益を使い果たしてしまう。取引で勝つたびにもっと利益を上げることができると思い、無理をしてしまうのである。連勝している時に行動しないことなど、彼らの意識の彼方にある。風向きが悪く家でじっとしていなければならない時があるということは、避けようのない事実である。時には、自分の打順であってもバッターボックスに向かうべきではない。時には、丸一日、あるいは丸一週間ほど、取引をしてはならない。それをマスターすることができれば、トレーディングは莫大な利益をもたらし得る。休むことがよりよい選択肢であり得ることを早い時期に学ぶことができないトレーダー予備軍がトレーディングを極める域に達するのは難しい。

第11の法則──厳かに撤退する時期を知る

　移り気なマーケットにあって、適切なタイミングで様子見に転じる能力は、プロのトレーダーの証である。あまりにも多くの無知なマーケット参加者が、「スーパートレーダーは環境がいかに悪くともマーケットに立ち向かい成功裏に征服する」と思っているようである。これは真実からはほど遠い。熟練したトレーダーは、平均以上のパフォーマンスは大きな利益を上げたからではなく、損失を抑えたからであることを理解している。そう、トレーディングで成功するためには適切なタイミングでマーケットから手を引くことが必要不可欠な要素なのである。

　次の事例を考えてみてほしい。長期投資家が過去14年間のリターンの30パーセントを叩き出した20日間にポジションを持っていなかったとしよう。悲惨な話だ。これはバイ・アンド・ホールドのアプローチを正当化し、強力に支持するものとなるのだろうか。いや、そうではない。その主張には、その逆の議論が見落とされている。同じ投資家が過去14年間で最悪の20日間に相場を休むことができていれば、利益は2倍以上になっていたのである。最悪の時期を避けることは、最高の時期をものにすることに比べて、より利益に貢献するものである。

　以下に述べることを強調しておきたい。最悪を避け、最高の利益を上げることができるのがスーパートレーダーなのである。オッズが有利ではない時にはマーケットを傍観し、「逸失利益は、損失よりもましである」という事実に心を安んずることである。

　以下に述べる事例のいずれか1つが該当するようであれば、厳かにマーケットから撤退すべき時期であるのかもしれない。

1） **長く続いた連勝の後に2連敗した**──トレーダーは連勝の直後に自滅することによって損失を被ることが多い。換言すれば、最悪の失敗は最高の成功の後に生じることが多い。

2） **S&P先物のマーケットが暴落している**──S&P先物はマーケットの主要な先行指標であり、注意深いトレーダーに対して、マーケットの変調を事前に通告する。

3） **自分がゲームに参加していないような気がし、不安であり、混乱しており、集中できないでいるが、その理由が定かではない**──トレーダーは時を経ることによって、いわゆる「勘」を発達させる。この勘は長年の経験によって磨かれるものであるが、感情的かつ直観的な回路を通じて機能するものである。よく発達した勘を身につけている熟練したトレーダーは、これらの「ヒント」を尊重するのである。

4） **事前に設定したトレーディング戦略がマーケットの突発的な出来事によって水泡に帰した**──自らのトレーディング戦略に横槍が入った時には、常に一歩引いて様子を見ることが最良の選択である。予想外のネガティブなニュースが発表されたり、一歩引かざるを得ない状況になった時に、多くの初心者トレーダーは抗う。しかし、これはしばしばギャンブルに賭けることになり、結果的には多額の損失につながるものである。

5） **気分が悪い**──トレーダーはプロのスポーツ選手のようなものである。彼らは自らの精神的、肉体的な健康を良好に保たなければならない。気分が悪い場合には、能力の限界までパフォーマンスを高めることはできない。

6） **精神的に疲れている**──トレーダーの最強の兵器は平穏な精神状態である。精神的に平穏でないならば、健全なトレーディング判断を行うことはできない。

7） **個人的な問題を抱えている**──個人的な問題を抱えている場

合には、精神的に影響を受け、その結果としてトレーディングの判断も影響を受ける。マーケットは、我々が誰であるのか、何者であるのかをほぼ完璧に写し出す鏡なのである。奇妙なことに、トレーディングを通して、我々の個人的な問題が明らかにされるのである。

第12の法則──言い訳は一文の得にもならない

「人は、言い訳をすることができる。また、稼ぐこともできる。しかし、この２つを同時に行うことはできない」

　すべての分野において、この洞察に満ちたコメントは極めて真実であろう。アクティブなマーケット参加者として、日々、不確実性の陰と複雑さに直面しなければならない。安定的に利益を上げることへの飽くなき探求という点で、過去に苦労して稼いだ資金を注ぎこんで、我々は文字通り真のリスクをとっているのである（十分に考えたうえでの話ではあるが）。

　「困難」という言葉では、とてもトレーダーの苦境を表すことはできないが、そういう苦境にあっても真のトレーダーは行動するのである。それを思うと、驚嘆を覚えずにはいられない。トレーディングにおける成功への道程は決して容易なものではない。我々は皆、それを十分に認識している。それでも、何千人ものトレーダーが生き残っており、毎日戦っているのである。我々は皆、安定的な利益を上げるという一段の高みに至る困難な道のりを歩むことを望む。多くが脱落する一方で、レースを完走する者もいる。常に、初心者トレーダーは金銭的な破滅という運命にもてあそばれる。毎日、彼らは行く道に立ちはだかる心の中の悪魔と戦うのである。トレーダーとして成功するために、とてつもない困難と極限の窮状を経験してきているにもかかわらず、文句一つ言わない者がいるということに我々は驚きを覚える。そして、そういう人々が結局のところはマネーを、換言すれば「おいしいマネー」を儲けるのである。

　私は、気が滅入るような連敗に打ちのめされ落ち込んでいる時（これは誰にでも経験のあることであるが）には、人生やトレーディングにおける成功が容易だと約束してくれた者など１人もいなか

ったことを自らに言い聞かせる。それでも、言い訳をすることは簡単である。しかし、言い訳をしたところで、一銭も儲かりはしない。私は真のトレーダーを敬愛する。彼らは勇気とは畏れることであることを認識しており、「とにかく行動してしまう」のである。言い訳は敗者のためのものである。本当のマネー、「おいしいマネー」は、それを認識している者の懐に入るのである。白鯨(モビー・ディック)のような獲物を追い求めるならば、言い訳ではなく、食べる準備をしておくべきである。

POINT

トレーディングは完全なる自由を手に入れるための最後の砦だ。法律事務所や会計事務所のパートナーは詰まるところ顧客のために働いているのである。医者は患者のために働いている。トレーダーの成否は自らの内面によるものであり、誰からもそれをとやかく言われることはない。そう、トレーダーは失敗を誰かと共有したり、誰かのせいにしたりすることはできない。一言でいえば、トレーダーは自分だけの世界に住んでいる。山も谷もすべて自らの責任だ。

しかし、すべての行動が自己責任で、逃げ隠れできないことから、敗れたトレーダーは言い訳に走りがちだ。他人を非難すれば、心理的に失敗を受け入れやすくなる。情報誌を責めてみたり、アナリストのせいにしてみたり、ウォール街のシステムを批判したりすることは、トレーダーが自分自身に責任があるという事実から逃げようとする行動の一端である。こういった言い訳をする輩になってはならない。彼らのたどる途は明らかである。最終到達地点は敗北でしかない。マーケットにおけるすべての行動に責任を持ってほしい。誰も自分に強制することはできないのだという事実をしっかりと受け止めてほしい。最終的な判断はすべて自分だけのものであるということを心に刻み込んでほしい。

最高に優れたトレーダーは、自己に対する信頼に基づく世界、そして完全なる独立を得た世界に住む。その世界においては、損失を招いた失敗は

すべて自分自身のせいであるが、同時に、素晴らしい利益もすべて自分自身に帰属するのだ。そして、言い訳をしないトレーダーは結果的に損失よりも利益を多く得ることになる。

第7章
究極のトレーダーの秘密
すべてのトレーダーが知るべき15の掟

第1の秘密──ウォール街にプレゼントは落ちていない

　人生という大きなゲームにおいて確実なものはそう多くない。まず、頭に浮かぶのは死と税金ぐらいであろうか。もう1つ確実なものとしては変化が挙げられるだろう。一方、トレーディングという小さなゲームにおいて唯一確実なのは「ウォール街にプレゼントは落ちていない」ということだ。

　ある取引で運がよかったと感じることがあったとしよう。しかし、通常は時間の経過とともに、当初幸運と感じたものが実は不運であることが明らかになるのである。例えば、激しく動いているNASDAQで、ほとんどのマーケット・メーカーがオファー（売り注文）を出さなくなった時にポジションをとろうとしているトレーダーがいたとしよう。そして、オファーを出すマーケット・メーカーが1社か2社出てきた時点で買い注文が執行されたとする。この時点で、そのトレーダーは本当のところはそのポジションをとりたくなかったこと、そう、とるべきではなかったことが明らかになる。

　何かをもらったと感じる時には、何かを押し付けられた、それも自分がほしくない何かを押し付けられた可能性が高い。これはプレゼントをもらうことに似ている。そして、極めて明快な真実は、ウォール街では誰もただで何かをあげるなどということはあり得ない、ということである。確かに、最も優れたトレーダーでも失敗することはある。そして、常に悪いタイミングで買い物をする無関心な人間もいる。しかし、これらの事象をものにすることがトレーディング技術なのである。これはプレゼントをもらうこととは全く異なる。プレゼントをもらうことは、幸運、つまり自分の実力以上の何かを得ることを意味しており、トレーダーは十分に注意しなけれ

ばならない。換言すれば、利益や収益機会はマーケットから奪うものであり、与えられるものではないのである。

誰かがくれるものとは、火傷をしたくなければ、すぐに他の誰かに渡さなければならないホット・ポテトのようなものである。これは必ずしも気分のよい行動ではないかもしれないが、ウォール街における適者生存という法則は、最も賢く、最も鋭敏な者が生き残るというものであり、最も幸運な者が生き残るというものではないのだ。望むものを奪い取り、プレゼントは拒絶する。ウォール街にはプレゼントなどそもそも存在しないのである。

POINT

自分の実力以上の何かを得たのならば、それは罠の可能性が高い。話がうますぎると感じる時には、常に懐疑的になるべきである。警告の意味で、以下に押しつけられた「プレゼント」の例をいくつか示しておく。

1) 現在値よりも低い水準での買い指値が執行された場合。これは誰かがどうしてもその銘柄を売りたくて、現在値よりも低い水準でも構わず売ろうとしていることを意味している。ほとんどの初心者はこれを喜ぶのであるが、熟練したトレーダーは即座に懐疑的になる。問題は、その誰かが自分の知らない何かを知っている可能性があるということだ。これが起こった時には、十分に警戒し、何らかのトラブルの兆候が見えた瞬間に売却できるようにしておくことだ。

2) 現在値よりも高い水準での売り指値が執行された場合。前のシナリオとは逆のパターンである。これは誰かがどうしてもその銘柄を買いたくて、現在値よりも高い水準でも進んで買おうとしていることを意味している。現在値よりも高い水準での買いを厭わないのは、わけがわかっていない初心者であるか、強欲に溺れたトレーダーである可能性は十分にある。しかし、真のプロである時もある。プロが現在値近辺での売り玉をすべて買い上げようとしているのならば、現在値よりも高い水準でも進んで買っていく。これはその銘柄が急騰する可能性が

高いことを意味する。それがプロのポジション・テイクによるものである場合には、果敢に買い戻す用意をしておくべきである。

3）マーケット・メーカーが１社だけ小口の売り玉でオファーを提示しているだけなのに、瞬間的に自分の買い注文が執行されてしまう場合。これは見かけは強いものの、実は、全く強いものではないことを意味する。具体的な例で考えてみよう。マーケット・メーカー４社が40ドルでビッドを出している（買いたがっている）。そして、オファーには１社のマーケット・メーカーが40.25ドルで1000株を出している。一見したところ、４社が40ドルで買おうとしているのに対して売りは１社だけであり、相場つきは強そうである。しかし、40.25ドルでの出来高は大きいにもかかわらず、40.25ドルのオファーは変わらない。これはそのマーケット・メーカーがオファーを「何度も出し直している」ことを意味する。40.25ドルでの攻防の最中に、1000株40.25ドルで買いの注文を出したとしよう。それは瞬間的に執行される。初心者は40.25ドルで買えたことを幸運に思うかもしれないが、熟練したトレーダーは即座に懐疑的になる。懐疑的になった熟練したトレーダーは即刻、40.25ドル、あるいは少し下の40ドル3/16でオファーを出すのである。

当然、このほかにもさまざまなシナリオが考えられるが、ポイントは理解していただけたと思う。

第2の秘密――誰かが自分の反対サイドにいて、彼らは友達ではない

　私は、取引をするたびに誰かが自分の反対サイドにいることを認識することが大切だと信じている。自分が買っている時には誰かが自分に売っているのである。重要なことは、「どちらがより賢いのか」ということである。自分と反対サイドにいる者のいずれが正しいのか。あまりにも多くのトレーダーや投資家が、自分たちが買ったり売ったりする時には、株券が山と積まれた、どこか宙にある倉庫と取引しているかのように行動している。この曖昧で間違った概念はトレーディングにおける最も重要な要素を無視するものであり、不適切な精神状態を助長するものである。トレーディングは常に戦争とみなされなければならない。それは自分自身との戦いでもあるが、他のマーケット参加者との戦いでもある。

　トレーダーは、すべての取引において他のトレーダーや投資家の見解や信念と戦っているということを認識しなければならない。そして、彼らのほうが正しい可能性は十分にある。自分が買うことができるのは誰かがそれを売りたがっているからだということを理解することが肝要だ。逆に、特定の価格で売ることができるのは誰かがその価格で進んで買おうとしているからなのである。

　間違う回数よりも正しい回数のほうが多い集団に属するためには、まず、成功するトレーディングとは何かを完全に理解する必要がある。こんな簡単なことを、多くのトレーダーが知らないのは驚きである。私は、のべ何千人ものセミナー参加者に「成功するトレーディングとは何か？」という質問を投げかけてきた。そのたびに、「安く買って高く売ることである」とか、「負けよりも勝ちが多いことである」といった典型的な答えが返ってくる。これらの答えにも

わずかながら真実が含まれているが、非常に曖昧であることに加え、これまでに述べてきた個人的な要素を排除していることから、真の回答にはほど遠いのである。正しい心構えでトレーディングというゲームに臨むためには、この単純な問いに対する答えを用意しておかなければならない。議論を深める前に、今ここで、正しい答えを披露することにしよう。

　成功するトレーディングとは、「商品（株式）を安過ぎる値段で売りに出している者から買い、それを、高過ぎる値段であると自分が知っている時に誰か他人に売りつける」ことである。このコメントにはトレーディングを極めるために最も重要な鍵が含まれており、先に進む前に何度か読み返してみてほしい。これが正しく理解できれば、本質的に、成功するトレーディングとは、今手許にある商品の真の価値に全く気づいてない馬鹿者を探し出し、それを利用する技術だと認識することであろう。これが成功するトレーディングの真の定義である。これを念頭に置きながら取引に立ち向かうことができる者は、より深く鋭敏な見識をもってマーケットに臨むことができるのである。成功するトレーディングに関するこれ以外の定義は、最も大事なポイントを外しているということだ。勝つことができた取引はすべて、誰かが安く売り過ぎるか高く買い過ぎるかして貧乏くじを引き馬鹿をみているのである。我々の目的は、読者や生徒がそういう馬鹿者にならないようにすることである。

POINT

　いろいろな意味で究極のトレーダーは、「よきサマリア人」（新訳聖書に登場する、困っている人を助ける哀れみ深い人）の役割を演じるのである。踏みにじられた者が苦しんでいる時に彼らから株を買うことによって彼らを救い、欲に満ちた者が株を買いたくてうずうずしている時に彼らに株を売ることによって彼らを満足させるのである。ある意味で、究極のトレーダーは他者の苦痛を和らげ、欲を満たしてやる者なのである。

第3の秘密──プロは希望を売り、初心者は希望を買う

　マーケットに参加したばかりのトレーダーの多くは、そしてそれほど新参ではない者でも、十分な時間とマネーがあれば、近くの大規模な書店に行って、トレーディングに関する書物を読み散らせば「何か」を見つけ出すことができると思っているようである。その何かとは、聖杯(ホーリー・グレイル)となる指標、そう、それを使えばその使いよさと固有のロジックによって巨万の富を約束するような指標である。他の者は、もしかしたら次の取引で大きな鉱脈に当たるのではないかとか、場外ホームランになるのではないかとか、往来相場でトントンまで戻るのではないかといった希望を持つのである。しかし、熟練したトレーダーは、ことマーケットに関しては希望は危険であることを知っている。

　希望はそもそも人々をマーケットに惹き付けるものだが、マーケットでの成功ということに関しては、ほとんど役に立たない。むしろ、マーケットでの成功をもたらすものは、安定的に利益を上げることができる要因が何であるかを見極める能力である。つまり、希望とか欲望とか恐怖を投影させることなく、チャートに表れていることを読み取る能力だ。他の価値のあるものと同様に、これは言うが易し、行うは難しである。ここで求められる鋭敏さは、成熟と自立である。換言すれば、自分自身とそこに見えている利益に集中するのではなく、取引の可能性に集中するのである。それを成し遂げるためには、結論に至るまでにコツコツと事実をかき集める科学者の態度が必要である。

　ここでいう事実とは、参入価格やストップ・ロスの価格、目標株価を決定するための支持線や抵抗線、現状のトレンドの方向性や持

続期間、直近の価格とそういった指標との関係などである。それは「もしうまく行かなかったらどうするか」とか、「それだけの資金を失う用意はできているのか、もう少しポジションを小さくするべきか、あるいは何もするべきではないのか」とか、「自分の戦略に従うだけの規律を自分に課すことができるか」といった、必ずしも気分のよいものではない質問を自らに投げかけることを要求するものでもある。

　この何が重要なのかを見る過程が、十分な情報をもって取引できること、生き残れること、そして最も重要なことではあるが、最終的に勝者となることを可能とするのである。時を経るごとに、この過程を迅速に行うことができるようになり、そして最終的には天性となるのである。

POINT

　プロのトレーダーが「希望」という精神状態になることは少ない。ありもしないものを望んでいると感じた時には自らが困難に直面していると認識し、即座にポジションを手仕舞う。「希望」は初心者に特有の精神状態であり、彼らには知識と簡潔なトレーディング戦略が欠けているのである。熟練したトレーダーは、希望を売るほうが希望を買うよりもはるかに収益性が高いことを知っている。例えば、オプションは大雑把に言ってしまえば希望のゲームである。その意味で、我々はオプション取引を貧乏人の競馬場と呼んでいる。オプション取引における勝者はオプション（希望）の売り手であり、買い手ではないのである。選択肢があるのならば、熟練したトレーダーは常に希望の買い手ではなく、売り手になる。そのほうが利益が上がるからである。

第4の秘密──ホームランは敗者のためにある

　1998年に大リーグのホームラン記録を争ったスーパースターのマーク・マグワイアとサミー・ソーサは優れたトレーダーにはなれないだろう──熟練したトレーダーならわかっていることだ。それは、大物、つまりホームランを狙うことが彼らの本能であり、それが骨の髄まで染み込んでいるからである。野球ではそのアプローチは成功するかもしれないが、デイトレーディングの世界では機能しない。

　プロのトレーダーは安定的にヒットを打てる打者なのだ。彼らは、時折、二塁打を放つこともある。ついていれば、たまには三塁打もある。一方、熟練したトレーダーは決しておいしいところ、つまり「一発」を狙いにいくことはない。彼らは大量得点を狙わない。大量点を狙うこと、ジャック・ポットを狙うことは、技術もなく、起死回生の大挽回で生き延びようとする敗者の行うことである。

　デイトレーディングにおいてホームランを狙うことは自暴自棄の行動である。後学のために言っておくと、知恵のある者は捨て鉢な行動をとらないものである。この事例はあまりにも多い。3連敗したり、3週間あるいは3ヵ月勝ちに恵まれず、苦汁にまみれるトレーダーは、あまりにも苦痛に耐え難く、自暴自棄になってくる。株価はストップ・ロスの水準に達するが、もう負けることはできないと覚悟を決めたトレーダーはストップ・ロスを無視するのである。あるいは、1ドルか2ドルの含み益を得たとしても、それでは到底、損益がトントンには戻らないので、売る決断ができない。そこで、そのトレーダーは様子見に転じ、（保有銘柄が、彼がもっと利益を望んでいることを知ってでもいるかのように）結果的には破滅的な損失を受け入れざるを得なくなるまで株価は下落してしまうのである。

第7章 究極のトレーダーの秘密

　私はこうした悪循環に完全にとらわれてしまったトレーダーを何人か知っているが、精神的かつ経済的な破産に至るしかないカミカゼのような自己破壊的な途をたどっていることに彼らは気がついていない。我々は熟練したトレーダーとして、マグワイアの心臓とピート・ローズの賢さ、ソーサの体力とロッド・カルーの精神力が必要なのである。端的に言えば、シングル・ヒットを打つこと、つまり小さいが安定的な利益を得ることを極めなければならないのである。それが正しくできれば、そのアプローチは時には大きな利益をもたらしてくれる。ホームランである。

POINT

　大勝は、通常、初心者の証である。株式取引において大幅な利益を上げることを軽んじていいと言っているのではない。しかし、熟練したトレーダーは、トレーディングでの成功が安定的に利益を上げることにかかっていることを知っている。それはホームランを狙うよりもシングル・ヒットを狙うほうが達成しやすいのである。これが熟練したトレーダーがホームラン狙いは初心者に任せて、自らは小幅ではあるが安定的な利益を狙っていく理由である。

　考えてもみてほしい。株式市場における究極の支配者はスペシャリストであり、マーケット・メーカーなのである。スペア・リーズ・ケロッグやゴールドマン・サックスやメリルリンチといった企業はウォール街の名門であり、株式市場の巨人であり、彼らはこの世の中で最も収益性が高いのである。彼らがAmazon.comで27ドル儲けようとか、AOLで14ドル儲けようとしたことが一瞬でもあるだろうか。答えはノーである。初心者だけがそういった取引を夢想するのだ。それぞれの取引における、これらの勝者の唯一の目的は鞘取りである。スプレッド（ビッドとオファーの差）をとることだ。これらウォール街の支配者はバイ・アンド・ホールドのアプローチを推奨するが、NASDAQのレベルⅡシステムは彼らがバイ・アンド・ホールドを実践してはいないことを明らかにしている。彼らは恒常的

に1/8ポイントや1/4ポイントにしのぎを削っており、それでいて彼らは誰よりも儲けているのだ。実際、彼らはウォール街の神様みたいなものである。最近、「短期トレーディングでは儲けることができない」と喧伝されることがあるが、彼らの行動をみれば、それが本当かどうかがわかるだろう。

第5の秘密──チャートを作れば、大衆はそれに従う

　一般的な人間は1日に6万回考えごとをするが、残念ながら、95パーセントの人々は今日も昨日と同じことを考えているという。これでは既に回答を知っている問題について考えているにすぎない。しかし、最高のトレーダーを目指すならば、他の者とは異なる考え方を身につけなければならない。「既成概念」にとらわれない発想である。

　トレーダーとして、受動的ではなく能動的に行動しなければならない時がある。熟練したトレーダーはマーケットにただ反応するのではなく、マーケットに反応させるのである。換言すれば、可能な時には単独でマーケットを動かすのである。他のマーケット参加者の動きや行動に左右されるトレーディング・アプローチは、所詮は追随者のものであり、熟練したトレーダーのものではない。独自に発想し、確信をもって行動することが高水準のトレーディングにおいては必須であるが、これは自分自身の知識と信念に基づいて行動することによって初めて可能となる。

　勘違いしないでほしい。ある一定の範囲では、いわゆる「スマート・マネー」の動きに注意を払っていることは確かである。それがチャートの基本である。私は、社内のトレーダーが何かをしようと判断したにもかかわらず、他者からの追認を得ることができなかったために行動できなかったという事例を多く見てきた。しかし、自立したトレーダーが、自らのとるべき行動を決めたのならば、行動に移る前に他人の追認は必要ないのだ。

　例えば、トレーダーがＸ株を40ドルで買うことを決断したとしよう。株価は動き出す。しかし、当初の計画通りに行動する代わりに、

「X株は今40ドル1/8だ。出来高が膨らんでくるのを待つべきかもしれない」とか、「買いを入れる前に、もう1/8ポイント値上がりするのを待とう」とか、「マーケット・メーカーが値を吊り上げてくるかどうか、オファーのボリュームが減ってくるかを見てみよう」とか、「ゴールドマン・サックスがオファーを引き上げるかどうか、様子を見よう」とか、余計なことを考え始めるのである。これらは、他者の動きを見てからでないと行動できないことへの言い訳にすぎない。

真に熟練したトレーダーは自らが他者の注視する出来高となるのである。彼らは自らその1/8ポイントの上昇を作りだす買いを入れるのであり、ゴールドマン・サックスやその他のオファーで自らの決意が鈍ることを許さない。彼らは自分が何をしたいのかを承知しており、自らの健全なアプローチがゴーサインを出したということに自信を持って行動に出るのである。これが自立しているということだ。これが熟練しているということであり、幸せを感じるための鍵となるばかりでなく、利益を上げるための鍵でもある。

POINT

我々は、他者が注目するようなマーケット・イベントを創り出す者になれと指導している。大衆が「株価が40ドルになるまで買うのを待とう」と思っているならば、我々は「それならば株価を40ドル1/8に押し上げよう」とするのである。換言すれば、「チャートを作りにいく」わけだ。これは真の熟練の技であり、実行できるようになるには長い歳月を要するかもしれない。しかし、プロがどのように大衆を扱っているかを知ることは意味がある。大衆を巻き込むことによって、自らの望む行動に火をつけるのが目的なのである。常にそれをなすことはできないかもしれないが、熟練したトレーダーは、想像以上にそうした技を使っているのである。

第6の秘密──すべての主要な株価指数は嘘をつく

　真剣にマーケットに取り組んでいるプレーヤーは、ダウ工業株平均（DJIA）やS&P500指数（SPX）、NASDAQ100指数（NASDAQ）といった主要な株価指数が裏で起こっていることを示す尺度としては不正確なことが多いという事実を認識すべきである。メディアによる日々の注目度が高いにもかかわらず、これは事実である。これらの認知度の高い株価指数に全く価値がないと言っているのではない。しかし、熟練したトレーダー、特に短期のトレーダーは、これらの広範囲な株価指数が提供できる以上の、より鋭敏で正確な見取図を必要とすることを知っているのである。

　S&P500指数が12パーセントの下落しか示していないのに、ニューヨーク証券取引所の全銘柄で見れば36パーセント下落していたというような事例もある。あるいは、NASDAQ100指数は18パーセントの下落しか示していないのに、NASDAQ全銘柄では46パーセント下落していたというような事例もある。テクニカルの経験則では、株価が20パーセント以上下落する時は大暴落の兆候である。ここに示した数値は、傍目にはバラ色の絵を見せながら、最悪の大暴落の瀬戸際にあることを明らかに示すものである。これは主要な株価指数が必ずしも全体的なマーケットの状態を正しく表現するものではないことの証拠である。

　これらの指数は想像以上に一般大衆を欺く。そして、熟練したトレーダーはその嘘をあばくことに懸命なのである。なぜ、株価指数は嘘をつくのか。それは株価指数がプロクター・ギャンブルやメルク、マイクロソフトやデル・コンピューターといった時価総額の大きな銘柄で占められているからである。これらの値嵩株は多くの株

価指数におけるウエイトがあまりにも高く、大幅に株価指数を歪めるのである。

熟練したトレーダーは、正しい読みをするためにはマーケットの「内側」に入り、必要とあらばレントゲン写真を撮るだけの用意がなければならない。表面ばかりを見ていても何の役にも立たない。マーケットの本当の姿を正確に知ろうをするならば、頻繁に引き合いに出される株価指数だけに頼っていては駄目なのである。トレーダーは、より深みを知らなければならない。

POINT

短い時には数分から、長い時には数日までの時間軸でポジションをとる短期のトレーダーは、株式市場全般で何が起こっているのかについて明確な見方を持つことが極めて重要である。

前述したように、主要な株価指数は正確な見取図を提供するものではないし、また提供できるものでもない。そこで、株式市場の内部で何が生じているかを明らかにすることに照準を合わせたテクニカル指標を使うことにより、有利な立場に立つのである。そのようなテクニカル指標の1つにニューヨーク証券取引所TICK指数（$TICK）がある。ニューヨーク証券取引所で取引されている全銘柄のうち、現在値が上昇している銘柄の数と下落している銘柄の数を計るものであり、場中の状況を測るためには優れた指標である。例えば、TICKがプラス400であったとしよう。この場合、全銘柄のうち上昇している（買われている）銘柄数が下落している（売られている）銘柄数よりも400多いことを示している。つまり、売りよりも買いのほうが圧倒的に多いということだ。もし、TICKがマイナス400であれば、逆の事象が生じているわけである。

この指標の重要性は、以下の事例に端的に示されている。例えば、ダウ工業株平均が120ポイント下落している（マイナス材料）が、TICKは着実に上昇しプラス600を上回ったとしよう。この場合、「売り」と「買い」のどちらに傾斜をかけるべきだろうか。我々の社内トレーダーであれば、ロ

ング（買い）の機会を必死に探ることだろう。テレビの高給取りのアナウンサーが株式市場の暴落を伝えていたとしても、自分の読みはバラ色の側面を見ているのである。これは熟練したトレーダーが株式市場を正確に読み、結果として正確な判断につなげるための指標の一例である。

　この他の指標としては、ニューヨーク証券取引所のTRIN指数（＄TRIN。ARMS指数といったほうが通りがよいかもしれない）、S&P先物、公益株指数、米国債などがある。これらの指標はすべて、熟練したトレーダーが自らの立場を有利にするための助けとなる。深みを知るには、多くの者が会得することのできない熟練の技術が必要だ。何が真実で何が嘘かを解読することができるトレーダーのみが正確なトレーディングの高みに達することができるのである。我々は情報誌でこの類の情報を提供してはいるが、これは値段のつけようのない能力であり、何としてでも身につけるように努力しなければならない。

第7の秘密──寄り付きの後に買いを入れるほうが望ましい

　寄り付き前の売買の機会は増加してはいるが、熟練したトレーダーは、買いポジションを作るならば、通常は寄り付き後のほうが望ましいことを知っている。寄り付きを待つことによって、株価がどの水準で始まるかを見ることとなり、これは多くの場合、より優れた判断を可能とするのである。特に、相場環境が不安定になってきた場合には、より重要になってくる。なぜならば、寄り付きと前日終値とのギャップ（上方にせよ、下方にせよ）は望まざる天罰となる可能性があるからである。寄り付き前に注文を入れることは、こういったギャップの形成を助長するばかりでなく、午前中の高値か、それに近い水準での買いとなる確率を高めるものだ。

　一瞬待って、株価がどの程度の水準で始まるかを見ることにより、そして初心者トレーダーがどちらのサイドに傾斜しているかを見ることにより、自らの買い水準に関する正確性を飛躍的に改善することができる。また、我々の30分ギャップ・ルールに則れば、50セント以上のギャップをつけて寄り付く銘柄は買いである。ギャップの形成の仕方によってアプローチは変わるものであり、寄り付きを待たずして、アプローチの変更を行うことはできないのである。

POINT

　インスティネット（INCA）などの電子通信ネットワーク（ECN）へのアクセスの利便性が向上したことによって、寄り付き前及び大引け後の取引が一般個人にも可能となった。ごく最近までは、これは力があり、豊かで、賢い者の特権であったが、今やExecutioner.comといった企業の提供するプロ仕様のトレーディング・システムによって一般的なものになって

いる。それにもかかわらず、我々は寄り付き前の取引を控えるように勧めている。寄り付きの前に買いを入れることが有利であることもあるが、たいていの場合、そこで現れる姿はまやかしである。「場外」取引は頻繁に行われてはいる。しかし、出来高が極めて少ないこと、相場操縦、合法的な安定操作など、初心者にとっては死を招く罠が多い。総じて、何が真実であるかを確認してから行動することが最良の行動につながるのであり、それはゲームが本当に始まってからでないとわからないのだ。ウォール街にプレゼントは落ちていないということを想起してほしい。自分の実力以上のものを手に入れた場合には、最終的真実が明らかになった時には「手にしていたくないものを手に入れた」ということなのである。

第8の秘密──寄り付きの前に利食っても報われない

　第7の秘密で述べたように、昨今の電子取引隆盛の時代においては、プロが行うように寄り付き前や大引後に売りを入れることができる。Executioner.comのようなトレーディング・システムを使用することによって、寄り付きの数時間前でも大引の数時間後でもマーケットにアクセスできる。そう遠くない未来に、すべての証券取引所で24時間取引が開始され、1日のどの時間帯で取引しようが、それが普通である時代が来るだろう。しかし、これが現実のものとなるまでは、時間外に激しくは取引しないように、特に、寄り付き前に値が上がっている時には、寄り付き前に売ることは厳に慎むように社内のトレーダーには指導している。寄り付き前に値が上がっている銘柄は寄り付き後に一段高となる傾向があるからである。

　寄り付きまで、NASDAQのマーケット・メーカーは、その銘柄の本当の状況を明らかにしない。彼らにとっては、そうする必要がないのである。それはゲームが始まる前に手のうちを見せるようなものであろう。私の経験を述べれば、魅力的に見える価格で他者に先んじて保有銘柄を売ることができた時には、その売り値は全くもって魅力的ではなかったのである。ウォール街に贈り物は落ちていないということを常に肝に銘じておかねばならない。

　このポイントについてもう少し詳しく見てみよう。例えば、前日の終値が20ドルであったW株を1000株保有しているとしよう。寄り付きの30分ほど前に、CNBCとNASDAQレベルⅡシステムのスイッチを入れる。複数のマーケット・メーカーによってW株の気配値が1.25ドル上昇しているのを見て、とりあえずは安心する。レベルⅡのスクリーン上ではメリルリンチが21.25ドルのビッドを出してい

る。それを叩けば1.25ドル分の利益、そう、1250ドルの儲けを確定できる。「マウスを2回クリックするだけで1250ドルなら悪くはない。人生もまんざら捨てたものではないな」と思うかもしれない。確かに、このシナリオでも人生は素晴らしいが、寄り付き後まで待てば人生はさらに素晴らしくなるのである。寄り付き後、数分待てば、統計的にはより高値で売ることができる可能性が高い。もちろん、常にそうであるとは限らないが、その可能性が高いのである。

POINT

　熟練したトレーダーは、たいていの場合、寄り付き前にビッドが上昇している銘柄は寄り付き後に一段高となることを知っている。彼らは初心者が寄り付き前に買い注文を入れる傾向があることを認識しており、これらの累積した買い注文はしばしば上昇圧力を強める。寄り付き前にS&P先物で見たマーケットの基調が強ければ、我々は社内トレーダーに向かって次のように叫ぶことだろう。「よく聞けよ。マーケットの基調は強いし、昨日買ったW株は寄り付き前に順調に上がっている。W株を買いたがっている欲の皮の突っ張った初心者が沢山いて、彼らはそれだけの値段を払うつもりでいるということだ。これが、マーケット・メーカーが価格を吊り上げている理由だ。彼らが初心者にそれだけのお金を使わせたがっているのだから、我々もそれに従おう。間違っても寄り付き前にW株を売ろうなんて気を起こしてはいけない。それは必要以上に安く売ることになる。よりよい価格で売れるだけの初心者中心の買い注文が入っているんだ」。

　寄り付き前に値が吊り上がっていて含み益がある銘柄について、かなり大きなポジションを持っている社内トレーダーがいる場合には、寄り付き前にポジションの半分の売り注文を出させている。残りのポジションをマーケットについて行かせるためである。これは寄り付き前の値上がりが急速にしぼんでいくような時に適したアプローチである。2つの選択肢のどちらを選択すべきか悩んだ時には、両方をやってみることである。答えは、通常、その真ん中にある。

第9の秘密──東部標準時の11時25分から14時15分は最悪の時間帯

　多くのデイトレーダーは、1日の間に勝つ確率が急激に低下する特定の時間帯があることを知らない。これらの時間帯にはかなり長時間にわたるものもある。そのような時間帯の1つに、東部標準時の11時25分から14時15分がある。我々はこの3時間を「白昼の無風地帯」と呼ぶ。

　この時間帯には株価が顕著に方向感を失う傾向がある。トレーダーが往復ビンタを浴びる時間帯なのである。突っかけたり、短命に終わる上昇がよく起こり、瞬間的な下落なども頻繁に生じる。逆に言えば、トレーダーに最高の収益機会を与えてくれるのは午前の前半であり、午後の後半なのである。これが、我々が社内トレーダーに正午前後では小銭で利鞘を稼ぐ程度に取引を少なくするように指導している理由である。この時間帯の取引はアクティブなデイトレーダーだけに限定されるべきものである。1日の損失の50パーセント以上を減らしたいのならば、この予測不能な時間帯を避けるだけでよい。ぜひ、試してみてほしい。

POINT

　収益を上げる可能性が最も高いのは午前の前半、午後の後半であることを熟練したトレーダーは知っている。それを知っていながら彼らは遊び半分でそこかしこで手を出すのであるが、「白昼の無風地帯」の時間帯だけはアプローチを変えるべきであると認識している。なぜ、11時25分から14時15分の間は、それほどにも取引がなく、何も生じることがないのだろうか。それはウォール街のほとんどが昼食をとりに出かける時間であり、相場を部下に任せる時間帯だからである。部下たちは大きくポジションをと

る権限もなく、材料を持って相場をつくる権限もない。上司たちが昼食から帰ってくるまでは株価の方向性も生まれないのである。この事実をセミナーなどで指摘すると、必ず返ってくる質問がある。「11時25分から2時15分は昼食にしては長すぎないか。本当にそれは昼食だからなのか」と。これに対する私の答えは常に同じである。「マーケット・メーカーの連中を見たなら、その質問は出ないだろう。2時15分に帰るといったら、本当に彼らはその時間に帰ってくるのだ。彼らの昼食は豪勢で、彼らも豪勢なのである」。

この傾向は昨今ではあまり見かけられなくなってきてはいるが、ウォール街のパワー・トレーダーたちが太っていることは知られている。その理由がわかっただろう。

第10の秘密――夜明け前が一番暗い

　これから、暗い秘密を明らかにしよう。我々を信奉する者でも想像がつかないものである。ある意味で、それは告白でもある。すべてのアクティブなトレーダーに対し、非常に重要なメッセージである。

　毎日の情報誌で提供する我々の戦略が売り一辺倒になるたびに、株式相場は上昇に転じる。そう、上昇に転じるのである。しかも、かなり急激に上昇するのである。と言っても、多くの読者にとって、我々の秘密は少しも慰めにならないであろう。実際、この発見を恥ずかしく思った時期もあった。今日では、そのような羞恥心を感じないほどの鉄面皮になったか、あるいは単純に成長したわけだ。いずれにしても、飛んでくる質問は想像がつく。

　なぜ、我々の知識と才能と技術をもってしても、売り一辺倒に思える時にマーケット・タイミングが間違っていることが多いのか。実際、その答えは極めて単純なものである。我々の情報誌が売りの戦略ばかりを提供するということは、マーケットがどれほど悲観的になってしまったかの証なのである。ここで、「なる(become)」という言葉は物事が実施されるという意味であることに注目してほしい。我々が売りのみを推奨する時には、マーケットの状況がこれから悪くなっていくわけではない。我々が売りを推奨した時には、既にマーケットの状況は悪くなっていたのである。換言すれば、夜明け前が一番暗いのである。

　下落局面が長く続くと、状況があまりにも悪く見え、買い参入できそうな銘柄が１つもないように感じられる時がくる。そして、その時こそ熟練したトレーダーが夜明けの曙、救いの上昇が近いと感じる時なのである。この事実を紹介したのは、「夜明け前が一番暗

い」という概念を知っておくことが重要だからである。これは熟練したトレーダーならば誰でも知っていることであり、これを知っていることで常に用心深くいられるようになる。これは1つの考え方にとらわれ過ぎることを防いでくれる。ご存知の通り、マーケットでは1つのサイドにすべてを賭けることは危険である可能性が高い。状況が極めて明らかに見える時でも、熟練したトレーダーは一片の不確実性を意識しているのである。

POINT

　すべてが極めて確実であるように見える時でも、それが極めて不確実な状況であることを熟練したトレーダーは知っている。状況があまりにも一方に偏り過ぎていると思われる時には、熟練したトレーダーは反対サイドを検討するのである。マーケットは大衆が体験していることの反映というにすぎない。大衆が耐えがたい苦痛と苦悶を経験した後は、彼らは何も、文字通り何も魅力的に感じることができないのである。しかし、奇妙なことに、それは状況がまさに好転しようとする時なのだ。マーケットの醜さ、足場の悪さは、既に売った者によって創り出されたものなのである。この点を理解してほしい。「既に売った」である。いったん売りが出尽くししてしまうと、つまり暗さが峠を越えると、買いの循環はすぐそこまで迫ってきているのである。いつも、夜明け前が一番暗いのだ。状況が最悪に感じられる時には、暗さも終盤である可能性が高い。

第11の秘密──ウォール街のカリスマは常に間違っている

　かつて、ウォール街のトップ・ストラテジストたちが金融相場の終焉を唱えた時期があった。その時期、プロが暗黒と破滅を大声で叫んだため、最も潤っていたマーケットの支持者でさえも白髪が目立つようになってしまった。この時、マーケットは暗黒と破滅の予言を鼻で笑っているようであった。今となっては、これらのプロは、なぜ自分たちの主張のタイミングが最悪だったのか理解しているだろう。おそらく、第10の秘密で述べた「夜明け前が一番暗い」ということを理解していれば、何が問題だったのかわかるはずである。ここで、なぜ、これらのプロが同時に「劇場が火事だ！」と叫び出した時に、マーケットが反転せざるを得ないのかを明らかにすることにしよう。

　ウォール街のマーケット・ストラテジストは主要な顧客に彼らの見方を前もって提示する責務がある。実際、予想される事態を前にほとんどの顧客が売りきっているか、少なくともポジションを軽くしているかを確認してからでないと、責任のあるストラテジストは一般大衆に向かってマーケットに関する弱気な見方を示すことはない。換言すれば、これらのカリスマは顧客が暗黒に対する備えができているとの感触を得た後、一般大衆に対して弱気な見方を示すのである。常に、マーケットが彼らの見方に合わないのも不思議ではあるまい。

　大口の顧客（投資信託やヘッジ・ファンドなど）からの売りは既に出尽くしているのである。誰が売り手として残っているのだろうか。私の祖父だけかもしれない。もしかしたら、こわごわ2つの投資信託を保有している、私のオフィスの入っているビルの心優しい

管理人かもしれない。しかし、彼らには状況が理解できないだろう。私の祖父や勤勉な管理人はウォール街のカリスマが言うことになど耳を傾けないだろうし、そのような人種が存在していることすら知らないだろう。彼らは資金をマーケットに投入したままなのである。カリスマたちは気づいているのだろうか。警戒しなければならないのは、彼らの顧客なのだということを。恐らく気づいていないに違いない。これが、カリスマたちをマーケットが笑い飛ばしている理由である。聞こえるだろうか。まだ、笑い声が聞こえるではないか。

POINT

　ウォール街で最も注目されているアナリストが悪材料を探し始めたら、反転が近いということを熟練したトレーダーは知っている。この逆張りの発想でS&P先物と株価指数オプションを使って莫大な利益を上げている者もいる。初心者と同様にプロのアナリストも恐怖と欲望の影響を受けるのである。プロのアナリストがそれを認めたがらないだけである。これが、彼らが間違った時にマーケットが彼らを笑い飛ばす理由である。ウォール街全体が一方に偏った見方をした時には、反転の可能性を探ることを学んでほしい。プロのアナリストが間違った時には反対方向への動きは急激なものとなる。ビッグ・プレーヤーが慌てて動く時にはマーケットの動きは非常に大きなものとなる。

第12の秘密――決算発表に基づく取引は初心者のすること

　これに関しては、私は何千回でも繰り返し言おう。決算発表は株価を動かさない。株価を動かすのは利益予想である。この点をあまりにも多くの初心者が誤解しており、結果、好決算を受けて株価が下落したり、悪い決算にもかかわらず株価が上昇したりするのを頻繁に目の当たりにして混乱するのである。

　熟練したトレーダーなら、マーケットには材料を織り込む機能があるという重要なポイントを知っている。マーケットは、決算発表の内容がどのようなものになるかを予想するのである。利益増が予想されるならば決算発表を前に株価は上昇し、逆に、利益減が予想されるならば決算発表を前に株価は下落するのである。決算発表を前に急激に上昇した銘柄は、いかに好決算であっても決算が発表された時点で下落に転じる可能性が非常に高い。なぜ、そのようなことが起こるのだろうか。好決算であることは予想されていたことであり、予想を上回る要素がないからである。もちろん、決算発表を前に株価が上昇していた場合には、決算内容が悪ければ株価は急落する。この逆のシナリオもまた真である。

POINT

　熟練したトレーダーは、常に、好材料で売る機会を狙っている。企業の決算発表といった事実は大衆のためのものだからである。これらの発表が長く待たれていた事実は、ほとんどの場合、大衆を一方向に動かす材料となる。決して大衆と行動をともにすることのない熟練したトレーダーが好材料で売る理由はここにある。事前に好材料であることが予想されていた場合には特にそうである。予想が形成されている時期に買い、事実を見て

買う者に売りつけるというのが真に熟練したトレーダーの行動原理である。このアプローチは必ずしも利益を最大化するものではないが、前述したように、ホームラン狙いは敗者のすることである。

第13の秘密──買い上がるほうが確率が高い

　我々のアプローチに関して最も頻繁に尋ねられる質問の1つに、「なぜ、貴社のトレーディング戦略のほとんどが現在値よりも高い水準での買いを推奨するものなのか？」というものがある。あるいは、「なぜ現在値で買わないのか？ そのほうが安上がりではないか」というのもある。この質問については2段階に分けて答えようと思う。

　第1に、我々が2つのトレーディング形態に特化していることを明確に理解してもらわなければならない。我々は数日間の株価上昇がありそうな銘柄発掘に注力するスウィング・トレーダーである。我々はまた、瞬間的な株価上昇がありそうな銘柄発掘に注力するプロのデイトレーダーでもある。そのような短期の時間軸では、発射台に乗ったまま数日間、数週間、あるいは数カ月間動かないリスクを避けなければならない。結果として、その場合は、流れに飛び乗る前に株価が望ましい方向に動き出すことを確認する必要がある。株価が売り手を蹴散らすだけの力強さを見せることができないなら、我々の検討の対象外なのである。あらゆる銘柄は上昇しなければ価値がないのである。

　第2点は、また同様に重要なポイントであるが、力強い動きを見せている銘柄を買うという我々のアプローチが、ストップ・ロスを除く、他のいかなる手法よりも我々の資金を守るものであったということである。我々が興味を持ったにもかかわらず、我々の買い水準を上回らず、2ドルや3ドル、ひどい時には4ドルも下落して引けるといった事例は数えようがないほどある。初心者がするように寄り付き直後に買うという習慣が我々にあったならば、現在ほどは利益を上げることはできなかったと、私は自信をもって言える。

我々の買い目標値に達することなく下落する銘柄があった場合に、我々が間違ったという者もいる。しかし、こういった事象が生じた時には、我々がまさに正しかったと認識している。我々の買い推奨の意味するところは、「X株を買い推奨するが、それはこの価格を上回った場合のみである」ということなのだ。端的に言えば、「現在値よりも高い水準での買い」戦略によって、無駄な損失を被らずにすむということだ。「いかに」買うかを知ることが「何を」買うかと同様に重要なのである。

POINT

　１日から５日間の値動きを狙いに行く熟練したスウィング・トレーダーの典型的な行動は前日の高値を越えた銘柄を買いに行くというものである。また、熟練したデイトレーダーは２分足や５分足あるいは15分足のバーチャートの高値を越えた銘柄を買おうとする。熟練したデイトレーダーは底値を拾えることができればより利益が膨らむことを知ってはいるが、恒常的に底値を拾うことができるというのは嘘だということを厳しい体験を通じて、身をもって知っているのである。底値を拾えると思っているスーパーマン気どりの輩は無駄な努力によって損失を膨らませておくがよい。熟練したデイトレーダーは株価の航路が明らかとなる兆候を待つのみである。その兆候とは、前述した通り、対象となる前の期間の高値を上回ることである。それを成し遂げるだけの力がある場合に限って、熟練したトレーダーは自分の資産をリスクにさらすことができるのである。

第14の秘密──安値で買って高値で売る手法はデイトレードには向かない

　マーケットに関して言えば、心理的に実行が容易な行為は、ほとんどの場合、不適切な行動であるという事実は驚きである。私は、トレーディング以外では、そのようなことを実感したことはない。だからこそトレーディングで成功することが難しいのであろう。

　広く一般に受け入れられている「安値で買って高値で売る」という概念を考えてみよう。何十年もの間、このアプローチはマーケットにおける正しい投資行動の基本として薦められてきた。安値で買って、高値で売る。極めて単純である。また、極めて基本的なことだ。極めて明快であり、明らかに真実である。しかし同時に、たいていの場合、ひどく間違っているのである。

　典型的には、安値で買うことは望ましい方向（上昇）に向かっているのではなく、下落途上にある銘柄を買うことになるからである。この概念について少しでも考えてみれば、これがいかに馬鹿げた行為であるかがわかる。安値で買うためには、下落する銘柄を買うことに集中しなければならない。他方で、我々の本当の望みは株価が上昇することである。支離滅裂ではないか。行き先が逆の列車に少しでも乗ろうと思うだろうか。西に行くためにはまず東へ向かわなければならないなんて、6歳の子供でも、とてつもない時間の浪費だとわかるだろう。特に、直接東へ向かうことができるならばなおさらである。

　なぜ、より多くの人々が同じような発想をもって、トレーディングや投資に向かうことができないのだろうか。なぜ、既に我々が望んでいる方向に動いている、つまり上昇している銘柄を買わないのだろうか。それは、安値で買うことが我々の本能に合っているから

である。快適な行動なのである。それは正しそうであるし、それが実行できれば気分もよいのである。結局のところ、物を安く買うことは米国流なのだろう。確かにそうではあるが、ことマーケットに関しては、それは時間とお金と収益機会の浪費につながる。

　話を単純化しているかもしれないが、単純化し過ぎているというほどでもないだろう。上昇する力を見せている銘柄に集中するほうが賢いトレーディングであり、賢い投資なのである。我々が望まない行動を見せている銘柄に集中し、我々が望む行動をとることを期待するなどということは、憶測やギャンブル以外の何物でもないのである。

POINT

　熟練したトレーダーは皆、そして特にデイトレーダーは、株価は上昇しなければ価値がないことを知っている。いかに優れた短期のトレーダーでも、時間的な猶予はない。ポジションをとる時には、ある程度、比較的短い時間の間に目標株価に到達できる確信がなければならない。投資家にとって時間は友人であるが、熟練した短期トレーダーにとって時間は宿敵である。下落している銘柄が上昇に転じる可能性はあるが、熟練したトレーダーは株価が上昇するのを待ってから全精力を傾けてポジションをとる。これは、彼らが買い遅れることを意味するのではなく、彼らがより賢く買っている証なのだ。彼らは憶測やギャンブルには興味がないのである。既に目的地に向かっている列車に飛び乗るほうが、どこへ行くかわからない列車に乗って最終的には目的地へ行くことを望むよりもはるかに賢い行動である。

第15の秘密──次に何が起こるかを知ることが利益をもたらす

　マーケットに関するマクロ（中期から長期）の視点はデイトレーダーの世界にはほとんど関係ないという誤った認識を、多くのデイトレーダーが持っているようである。確かに、マクロの動向は投資家に与えるほどの影響をデイトレーダーに与えるものではないが、全く重要ではないとみなすのは間違いである。

　マクロからミクロへのアプローチは非常に知的な短期の戦略を構築する一助となることを忘れてはならない。例えば、マーケット全般に関する見方が、いったんは調整局面を迎えるものの、その後は輝きを取り戻す可能性が高いというものであったとしよう。そして、仮にこの見方が正しかった場合に、特定の業種が最も敏感に反応するという結論を得ていたとしよう。この場合、デイトレーダーとしては環境が好転した場合にとり得る行動のリストを作成し、その業種に注意を集中する必要がある。

　トレーディングで勝つためには、目の前で生じている事象を完全に把握する能力が必要である。目の前で生じている事象から利益を上げる方法を知っていることが最低限必要なことであるのは疑いの余地がない。しかし、勝者の中でも誰に対する報酬がもっとも大きいかといえば、それは、今後何が起こり得るのかという発想のもとに戦略を立てることができる者である。マクロの視点から次に何が起こるかを予想できる者は巨額の利益を上げることができる。最も優秀なトレーダーは常に以下の2つの質問を自らに投げかけている。

1）目の前で生じている事象からいかに利益を上げるか。
2）今後、生じ得る事象に対していかに準備をするか。

最初の質問（ミクロの部分）は日々の堅実な利益をもたらすものである。しかし、大幅な利益は常に第2の質問によりもたらされる。2番めの質問に対する正しい答えは早い段階でのポジション作りを可能にする。餌にありつけるのは早起き鳥(アーリーバード)なのである。もちろん、我々の課題は餌ではなく、鳥になることだ。

POINT

トレーディングに関して、我々は2つの戦略をとるように常に指導してきた。1つめは、健康な生活を送るための糧を得ること、そして2つめは富を築くことである。ポジション・トレードやスウィング・トレードは富を築くことを主眼においたものである。他方、デイトレードは日々の生活の糧を得るものである。両方の取引スタイルに熟練したトレーダーは決して金銭的に困ることはない。

第8章

10の教訓
究極のトレーダーになるために

第1の教訓──相場がよくない時には現金が一番

　臆病者は危険が訪れる前におびえ、腰抜けは危険の最中におびえ、勇者は危険の去った後におびえると言われる。もし、これが正しいならば、トレーダーは勇者に分類される。トレーダーは危険が訪れる前におびえることはほとんどない。むしろ、危険の後で、冴えないマーケットで苦痛を味わうことのほうが多いのではないか。

　プロと呼ばれる連中の間では、これは必ずしも当てはまらない。例えば、投資信託の若いファンド・マネジャーが危険の最中におびえているのを見たことがある。彼は先の分類でいえば腰抜けに該当するのだろう。ファンド・マネジャーや投信運用会社のアドバイザーとして、我々は巨額の資金を運用する者たちと日々会話をしている。マーケットが不確実性を増し困難な局面になった時には、これらの会社の若いファンド・マネジャーたちは間違いなくパニックに陥って狼狽するのである（米国の投信運用会社のファンド・マネジャーの平均年齢は30歳以下である）。

　かつてマーケットが急落した局面で、我々に日々アドバイスを求めている若いマネジャーが言った言葉は、これらプロの人間の恐怖を絶妙に表現していた。「オリバー、今回に限っては、本当に不安だ。いったい何が起こっているのか見当もつかないが、突然、自分がひどく腹の減っている人のところに配達されているピザになったような気分だ」。このような言葉を聞くと、彼らが多くの米国人の財産を預かっていることが心配になる。しかし、最も恐ろしいことは何十億ドルもの資金を運用しているファンド・マネジャーが、1つのことを実行することしか知らないということなのである。たった1つのアプローチである。彼らは1つの手段しか有していない。1つの方法論、1つのアプローチである。

彼らは、さらに買うことしか知らないのである。なぜ、そうなのだろうか。それは90年代を通じて、その方法が魔法のようにうまくいったからである。少なくとも過去10年間はたいていの時期において、下がれば買いというアプローチが主流であった。そのアプローチはうまく機能していたし、その結果、富を築くことができ、快適な生活が送れたのである。さらに重要なことは、それが簡単な手法だったことだ。しかし、マーケットが本当に不透明な状況になってくれば、「買い増し」アプローチが有効かどうかはわからなくなってくるから、ファンド・マネジャーにとっては厳しい局面となる。
　これらのファンド・マネジャーの名誉のために言っておくと、それ以外に選択肢がなかったのである。ポートフォリオの200万株が急落している時に何ができるだろうか。売りに転じて、パニックと混乱を助長することが正しい選択だろうか。あるいは、混乱状況を見極めて、さらに買いを入れるべきだろうか。あるいは、運用資産が刻一刻と減価していくのを横目で睨みながら、何もせずにじっと嵐が過ぎ去るのを待つべきだろうか。あるいは、破産を申請するべきだろうか。これは大いなるジレンマである。我々や読者は、このジレンマに陥らずに済んで幸運である。
　私は、「トレーダーでよかった」と心の底から思う。このような懸念を感じる必要はトレーダーにはない。今後2日から5日間程度の期間で値を上げそうな銘柄があれば、それを買えばよいのである。しかし、完璧な世界に住んでいるわけではないので、我々はストップ・ロスという撤退プランを持って臨んでいるわけなのだ。これは臆病であることを意味せず、賢さ、そして現実的であることを意味するのである。
　多くの初心者は防衛的なストップ・ロス・オーダーが執行されると、ひどく狼狽する。確かにストップ・ロスが執行されることは気分がよいものではないが、それは敵ではなく、友人であるととらえなければならない。考えてもみてほしい。ストップ・ロスの目的は

自分の資金を守ることであり、大惨事を避けることなのである。

　さらに重要なのはストップ・ロスがトレーダーに強いる行為である。執行されたストップ・ロスは株式を「現金化すること」を強要するのである。下落相場が最終的に底を入れて反転に転じ、収益機会が激増した時には現金が必要なのだ。大底を入れた時点で、現金を最も保有している者が勝つのである。換言すれば、マーケットが急落している局面では現金を保有することが最適な選択である。そして、下落の過程でストップ・ロスが執行されることは、次の収益機会への備えを意味するのである。これは決して悲しむべき筋合いのものではなく、逆に、喜ぶべきことである。

　ファンド・マネジャーにはストップ・ロスを実行するという贅沢はない。買い増して祈るというアプローチを、彼らも決して好きで行っているわけではない。ストップ・ロスは恩恵なのであり、特権なのである。確かに、それは完全なものではないが、我々の有する最良の防衛策なのだ。その効果を十分に認識し、何よりも実践してほしい。それは個人トレーダーのみが実践することのできる数少ない手段の1つなのである。

第2の教訓──時間の分散がマーケット・リスクを最小化する

　我々が頻繁に受ける質問に、「貴社が日々の情報誌で推奨する銘柄をすべて買うべきか？」というものがある。答えは、声高に「ノー」である。

　理由を説明しよう。まず、たいていの個人にはすべての銘柄を買うだけの資金的な余裕がないはずである。次に、より重要なことであるが、すべての推奨銘柄を1度に買うことで「時間の犠牲者」になる可能性が高まる。つまり、全資金を投入して推奨銘柄をすべて1度に買うことは、その日のパフォーマンスに完全に依存してしまうことになる。仮に、1日か2日後に、絶好の収益機会が訪れたらどうだろうか。その時に投入すべき資金はどこにあるのだろうか。資金はすべて、例えば月曜日に使い果たしてしまっている。

　さらに悪いことに、もし我々の推奨銘柄をすべて買ったその日に推奨銘柄が「腰砕け」になってしまったらどうするのだろうか。我々は社内のスウィング・トレーダーには買いを1週間から2週間に分散することを勧めている。例えば、成長過程にあるトレーダーが3万ドルの資金を有しているとしよう。この場合、週に2回、保有資金の1/4ずつ、つまり7500ドルずつ投資するのである。2週間が終わった段階で3万ドルはすべて株式の購入に充てられている。この戦略の妙味は、スウィング・トレードをしているならば、最後の7500ドルを投資した時点で、最初の投資あるいは2番めの投資までを売却している可能性が高いということである。この方法は、時折生じる「重要な」収益機会に対して、資金手当てができていることを保証する。

　成長途上のトレーダーにとって、1週間に2度の取引は決して少

な過ぎるものではない。個々の取引は２つの主要な行動、つまり買いと売りから成り立っているということを決して忘れてはならない。実際問題として、１週間に４回の取引を行う者は、投資判断を８回行わなければならないのである。その８回の投資判断は15回の投資判断よりは、少なくとも質の高いものであることは間違いないであろう。この考え方を実践してみてほしい。かなり気に入るはずである。

第3の教訓──買うこととポジションを積み増すことは違う

　大底をつけようとしている銘柄について、既に明確なトレンドを形成している銘柄とは異なる扱いが必要である。トレーダーはトレンドに乗って上昇している銘柄を買うべきであり、投資家は大底を形成しようとしている銘柄についてポジションを積み増していくべきであるというのが我々の信念である。そこには大きな違いが存在する。

　買いは特定の価格での1回限りの行動であるのに対し、ポジションの積み増しは複数の時間軸と複数の価格での複数の買いを意味する。ポジションを積み増す場合は時間の分散と価格の分散という2種類の分散が可能である。それ以外の分散としては、銘柄分散が可能であるが、これは自分の賭けを複数の銘柄に分散することを要する。我々は銘柄分散を強く主張するものではないが、3種類の分散を適用することが有効である場合もある。特に、中期から長期の時間軸での投資機会を探っている際には有効であろう。

第4の教訓──マーケットの全体にとらわれてはいけない

　あまりにも多くのトレーダーがマーケット全体とその方向性に力点を置き過ぎている。この傾向は金融情勢をマクロ的な視点で報道しなければならないメディアの影響によるところが大きい。マーケットの全体的な情勢と方向性自体には意味があるが、方向性にとらわれて、適切なトレーディング手法と適切な資金管理を犠牲にしてはならない。これが、我々が情報誌の購読者や生徒たちに個別の取引の秘訣を提供することに注力している理由である。

　マーケット全体が「どうなるか」よりも、個別の取引のほうが数段重要であるというのが我々の考え方である。もちろん、マーケット全体の方向性が全く重要ではないということではない。実際、マーケット全体に関する適切な評価ができていることが、安定的に勝てるか、たまにしか勝てないかの差となる場合もある。しかしながら、トレーダーの時間軸が短ければ短いほど、マクロの、あるいはマーケット全体に関する分析の重要度は小さくなる。上にせよ下にせよ、短期の価格の動きはいかなるマーケット環境においても生じるものだからである。

　さらに重要なポイントとして、マーケット全体の方向性がトレーダーの最終的な判断尺度であってはならないという点が指摘できる。自分の保有しているポジションを手仕舞う際に、特定の株価指数の動向がどうであるかということを判断基準としてはならない。最終的な判断基準はストップ・ロスであり、あらかじめ設定しておいた目標株価なのであり、マーケット全体ではないのである。

　言葉を換えてみよう。仮に、ダウ平均が200ポイント下落し、自分が買った銘柄のストップ・ロスの売りが執行されたとしよう。熟

練したトレーダーはそこで売りである。反対に、ダウ平均が200ポイント上昇したにもかかわらず、自分が買った銘柄が下落し、ストップ・ロスの売りが執行されたとしよう。熟練したトレーダーはここでも売りである。ここでマーケット全体に関する分析の入りこむ余地はどこにもない。ストップ・ロスが最終的な判断尺度である限りにおいて、マーケット全般に関する分析は無用なのである。

　マーケット全体の方向性はポジションをとる際には意味があるが、既にポジションを持っている場合には当初の売却戦略をまず優先させなければならない。この、かたくななアプローチは極めて厳格な規律を要するものであるが、それを遵守すれば、損失を抑えながら利益を上げることができる。

第5の教訓──犬を売り、人形を買う

　多くの人々は高い専門性を発揮しながら仕事をしているが、ことトレーディングあるいは投資に関しては、これを健全に行うことができずに悲惨な結果に終わることが多い。
　私は、小売業に従事する人物で、いかに売れ行きの悪い商品でも目にもとまらぬ早さで売りきってしまう人を知っている。売れ行きの悪い商品──彼が言うところの「犬」は、大幅に値引きされるのである。彼は、犬を売ってしまった後（通常は、仕入れの金額とは比べものにならないほどの微々たる金額で売るのである）に即刻その資金を売れ筋の商品に投入するのである。売れない物（敗者、犬）を早急に処分し、売れ筋（勝者、人形）を仕入れるという、単純ではあるが強力な発想によって彼は億万長者になった。彼は、小売業にあっては利益を上げることのできない「犬」を早急に処分してしまうのである。
　しかし、この優れた企業家に対して、パフォーマンスの冴えないマーケットにおける「犬」銘柄を売れと助言すれば、必ず、「でも、今は絶好の買い場だ」とか「もっと買わなければならない」といった熱のこもった反論が返ってくるのである。こと投資に関しては、利益が上がっている銘柄から小幅な利益を確実に上げる一方で、主義に反してさらに「犬」を買おうとするのだ。この行動は合理的といえるだろうか。彼にとってはどうもそうらしいが、私は何とか彼を説得しようとしている。
　我々の現時点の懸念は読者である。読者が保有資金を既にパフォーマンスの悪い銘柄に投入しており、新しい機会をつかむことが困難であると感じているのならば、ガレージ・セールを実施することを検討してはどうだろうか。自分の資金を最も売れ筋の商品に投入

する決意をしてほしい。犬は他の人に任せておこうではないか。

第6の教訓──マーケットの下落局面で実力がわかる

　マーケット環境がよくない時でも利益を上げることが、そのトレーダーをその他大勢から際立つ存在にするのである。ほとんどのマーケット参加者は上昇相場においてしか利益を上げることができず、マーケットの環境が悪化した時に十分に対処できるだけの能力を持ち合わせていない。これを私は「上昇相場向きの溶けた脳みそ」と呼んでいる。
　全銘柄の９割が上昇している時に利益を上げることに才能は要らないということを認識してほしい。トレーダーの真の才能が明らかになるのはマーケットが下落している時である。その時には、機敏さ、的を射る正確性、平均以上の銘柄選択能力が必要となる。証券会社やファイナンシャル・アドバイザー、投資信託のファンド・マネジャー、情報誌の本当の実力を知るためには、地球上のほぼすべての人々が損失を被っている時に彼らがどのような行動をとっているかに注目する必要がある。そういった環境下でも我々は光輝く能力を示してきた。「お代を払っている」アドバイザーに対しても同様のサービスを求めるべきである。もちろん、彼らは「お代を受け取った」事実は忘れてしまうのであろうが。

第7の教訓──情報誌やアドバイザーを採点せよ

　我々が毎日発行している情報誌「プリスティーン・デイトレーダー」で推奨している銘柄が驚異的な週間パフォーマンスを示す時がある。そのような時には、週間のパフォーマンス・レビューで次のようなコメントを記すことがある。「推奨した20銘柄のうち、15銘柄が２ドル以上の値上がりを示し、短期トレーダーにとっては十分な利益を上げる機会を提供できた」。実際のパフォーマンスはトレーダーによってまちまちであろうが、そのようなコメントを出すことができた週には購読者から感謝の電子メールや手紙が山のように届く。
　しかし、このようなかたちで、我々の情報誌（あるいは他のどのような情報誌も）の総合的な価値を判断することが適切だろうか。答えは「ノー」である。間違いなくノーである。あまりにも多くのマーケット参加者がこのようなかたちで判断しているのである。確かに、先に示したようなコメントは正しいのであるが、情報提供サービスの質を正しく判断するためには「負けた銘柄」に注目する必要がある。重要な質問は「いわゆるエキスパートが、どのように負けたのか」というものであり、「彼らの損失は利益に比して安定的に小さいか。そうでなければ、彼らのアドバイスに従った結果、致命的な損失を被るのではないか」というものである。これが情報誌やアドバイザー、投資信託などの有効性を正しく評価する方法である。
　重要なのは、彼らの負け方であって勝ち方ではないのだ。最高の環境では、ほとんどすべての者が利益を上げることができるのである。しかし、真のプロのみが、マーケットの環境が悪い時でも安定的に損失を利益に比して少額にとどめることができるのである。秀

でたトレーダーになりたければ、プロの負け方を学ばなければならない。利益は自然とついてくるものである。プロの損失は常に少額であるということを忘れてはならない。

第8の教訓──時は金なり

　最近の研究では、子供が価値のあるインプットに対して最も受容力が高いといわれる就寝直前の時間に、親は60秒間しか一緒にいないということである。これは残念であるばかりか、犯罪とでも言うべきである。私からすれば、子供だけでなく、親も被害者であると言える。子供と共に過ごす時間の重要性を頭で理解することは容易であるが、人生において時にはそれを実行することが困難な場合もある。しかし、困難であることは言い訳にはならない。少なくとも、私の子供たちに関してはそうである。極めて重要なことだ。子供を思う気持ちのある親ならば、誰でも同意するだろう。

　ここで、トレーディングに目を向けてみよう。ここで質問をしたい。「よりよいトレーダーになるために、毎日、どれだけの時間を割いているだろうか」。子供の受容力は1日の終わりに最も高まるのであり、トレーダーの受容力はマーケットが引けた後に最も高まるのである。大引の後に意味のある時間を過ごしているだろうか。考えをまとめたり、1日の行動を振り返ったり、取引の分析をしたり、明日の準備をしたり、そしてトレーディング日誌をつけたりしているだろうか。あるいは4時1分に、オフィスから、家から、机から逃れるように飛び出すのだろうか。

　成功したいと願っているトレーダーの多くは、成功するためにはハードワークが必要であることを認識していない。成功への過程は時間をかけてゆっくり進展していくものなのである。1日の終わりにその日の行動を振り返ることが精神を豊かにし、利益を上げることにつながると認識している者はほとんどいない。明日のために使う時間が60秒以下であれば、頻繁に犯す失敗で資金は食いつぶされていく。勝者になりたいのであれば、毎日、改善の種を植える時間

を作らなければならない。「時は金なり」である。将来のために、ほんの少しでも時間を費やしてほしい。

第9の教訓──勝者は自らことを成し遂げ、敗者は流されるまま

　人生での成功は自ら創造するものであり、どこかで見つけるものではないというのが私の信念であった。トレーディングにおいても同じことである。
　トレーディングで成功している者は、苦しみながら、飽くなき努力を重ねて自ら成功を創造するのである。多くの人々にとっての問題は、本当にそれを成し遂げようと取り組まずとも、成功が自然に生じるものであると考えていることである。どういうわけか彼らは、勝利がそれを勝ちとろうとする長い過程の結果であると認識できないのである。端的に言えば、「勝者は自らことを成し遂げ、敗者は流されるまま」ということである。
　9時30分から4時までマーケットに向かって1日を過ごす、向上心のあるトレーダーの例を考えてみよう。彼らは、我々のオフィスのように誰かと共にトレーディングをするかもしれないし、家に1人でいるかもしれない。この時間帯には、彼らは集中し、常に取引機会を探りながら、いくつかのポジションをつくってみたり他のポジションを閉じてみたりするのであるが、4時を数秒とは言わずとも、数分回ってしまえば、すべてを忘れてしまう。何ということだろうか。
　残念なことに、これらのトレーダー予備軍はトレーディングでの成功は9時30分から4時までの間に生じると考えているようだ。翌朝までの時間を彼らは無為に過ごすのである。そうしておきながら、9時29分にトレーディング・デスクに座った瞬間に利益が涌き出てくることを期待するのである。人生での成功はそんなふうにしてもたらされるものではない。トレーディングにおいて成功するために

は、引け後、翌朝の寄り付きまでの時間に勉強し、検証し、練習し、調査し、詳細に吟味し、思案し、熟考し、書き記し、暗記し、分類し、時間を有効に使わなければならない。心の底から成功を望むのであれば、夜と早朝の静けさの中で、世界やマーケットがまだ休んでいる時に準備を進めなければならない。そうすれば、9時30分になった時点で成長の車輪が動き出す準備ができているのである。

　多くのトレーダーは錯覚している。彼らはマーケットが開いている時間に参加していることによって、自らがマーケットと共にあると思っているのである。その発想は間違っている。マーケットとは不思議なものだ。マーケットは取引時間帯外に質の高い時間を過ごしている者に報いるのである。それが成功の秘訣であり、勝利の秘訣である。

第10の教訓──「誓い」の力を使う

　最近、私は娘が入園する幼稚園の見学に行ってきた。見学は素晴らしい経験であった。自分が幼稚園に行っていた当時との変わりようは驚くべきものだった。些細なことを重大なことのようにする厳格な先生はもはや存在しない。娘の幼稚園の先生たちは、もっとソフトだった。いたずらっ子に体罰を加えるために柔術を習っている先生は1人もおらず、優しそうで、知的で、指導意欲に富んでいた。書物はすべて新しく、アシスタントも含めて先生は皆、流暢に2ヵ国語以上を話せるのである。すべてのことに心底驚嘆した。スポンジのようにソフトな先生たちを見て、私は即座に納得してしまったのである。

　しかし、私が最も驚いたことは、昨今の指導方法が、単純ではあるが素晴らしく効率的であるということだった。あるクラスを通りかかった時、たまたま壁に目が行った。子供たちの誓いを書いた紙が壁中に貼られていたのである。ジミーは「僕はよいことにしか手を使いません」と誓い、メアリーは「私は丁寧な言葉を使います」と誓い、ベッツィーは「私は物を借りる時、断ってから借ります」と誓っていた。私は、特に、ジョウィーの「私は余計なことは言いません」という誓いが気に入った。誓いは山ほどあった。しかし、この正しい行動を指導するための単純な方法は、父としてだけでなく、トレーダーとしての私の心も強く打ったのである。

　トレーディングで成功するためには、結局のところ、正しい行動をとらなければならないからだ。そしてトレーダーの教育者として、私は生徒たちに正しい行動をとらせるような方法を見いださなければならないのである。トレーディングに関する行動について、心の底から誓いを立てている者がいるだろうか。「3/8ポイント以上は高

値追いをしないことを誓います」とか、「あらかじめ定めたストップ・ロスに必ず従うことを誓います」とか、「寄り付き前に買い注文を入れないことを誓います」といった誓いを実際に紙に書き出している者はいるだろうか。

次のような誓いはどうだろうか。「利益を追う前に、必ずリスクを考えることを誓います」。あるいは、「自分の取引について全責任を負うことを誓います」、「損失を被った取引から得た教訓を必ず書き記しておくことを誓います」、「自分のトレーダーとしての最大の欠点について、常に注意を払うことを誓います」といったものも忘れてはならない。

不思議なことに、書き記した誓いには力がある。誓いを破った時には、不思議と、罪を犯したことに気づくようである。誓いには効果があるのだ。今日、誓いを立ててみてほしい。誓いを紙に書き記し、毎日それを見るのである。それは、正しいことを知っているだけでは不十分だからである。正しいとわかっていることを実行するためには、「血の誓い」をしなければならない時もあるのだ。知っていることと、それを実践することは、往々にして全く異なるものなのである。

第9章
究極のトレーダーからの最後の言葉

母からの人生の教えとトレーダーへの教訓

　私は自らを、あくなき知識欲を持った熱心な観察者であり、人生についてのまじめな学徒であると考えている。その結果、私は人生の貴重な教訓を学ぶことができた。しかし、最近、この問題について熟考を重ねた結果、トレーディングについて必要なことはすべて、10歳になる前に母から学んだものであったことに気づいたのである。以下に、母が少年時代の私に与えた教訓をいくつか記しておく。

1）転んでも、起き上がる過程で学ぶことができれば問題ない。今日に至るまで、私はトレーディングにおける失敗から学ぶ方法を実践し、また指導もしてきた。私の被った損失はすべて次なる高みへの発射台となってきた。
2）他人がどのように感じているか（苦痛か強欲か）を常に認識しなければならない。これはグレッグ・カプラがトレーダーとして成功した理由でもある。彼は常に特定の銘柄について他のトレーダーがどのように感じているかを追求してきた。他者の苦痛は自らにとっての収益機会を意味する。成功するトレーディングとは、苦痛を感じている者から安く買い、強欲な者に高く売ることに他ならないからである。トレーディングというゲームを極めるためには、マーケットに参加している他のトレーダーがどのように感じているかを理解しなければならない。その能力を身につけることができれば、金持ちになれるのである。
3）今日、いかに状況が悪くとも、明日になれば改善する機会がある。トレーダーとして今日のお荷物を明日の可能性のために持ち越すことは許されない。次の取引に取り組む前に、今

の損失の残りかすを綺麗に拭き取らなければならない。さもなければ、失敗する。

4）自分の行動の根拠を認識しておかなければならない。買いにせよ売りにせよ、恐怖や欲望などの感情に流されて行動してはならない。特にトレーダーとしてこの２つの感情の間に知性が存在することを認識しなければならない。そして、行動はすべて知性から生み出されるものでなければならない。今日に至るまで、私は恐怖を感じている時には決して売りを入れなかった。この結果、時には損失額が膨らんだこともあった。しかし、知性が活動を始めるまで待つことによって、結果がよりよいものとなったことのほうが多いだろう。

5）物事をあまり真剣に考えすぎてはならない。連勝を続けている時にはいつもこの言葉が耳元で鳴り響く。私は、ほぼ毎日マーケットで勝っているにもかかわらず、社内のトレーダーに聞いてみれば、私が真剣になり過ぎることはないことを証明してくれるだろう。実際、むしろ私は馬鹿を言っているくらいなのだが、これは母の影響によるところが大きい。

6）勝ち目のある戦だけを戦え。この教訓によって、私は、銘柄、参入ポイント、退出ポイントを注意深く選定することを学んだ。例えば、私がポジションをとるのは、それが自分に有利であること、そして、即座に利益を上げるものであることに安心していられる場合である。私はマーケットと戦おうとは思わない。それが勝ち目のない戦であることが私にはわかっている。自分の選択がマーケットの動向と矛盾することに気づいた時には、すぐにポジションを閉じてマーケットに順応する。ダビデは巨人ゴリアテとの最後の戦いに勝ったかもしれないが、マーケットにおいては常にゴリアテが勝つのである。

7）人生は支配するものではなく、仲よくするものである。母か

ら教わったこの教訓はマーケットに反してではなく、共に働くことを教えてくれた。マーケットを、資金を奪い去る敵ではなく、自分を金持ちにしてくれる仲間だとみなすのである。マーケットはフランケンシュタインではないのであり、友人なのである。マーケットは悪夢の殺人鬼ではなく、殺人鬼から解放してくれる存在なのである。端的に言えば、マーケットはありとあらゆる可能性を秘めた場所なのである。

8）損失は必ずしも常に貧しさをもたらすものではない。時に敗北は勝利となる。あまりにも多くのデイトレーダーがこのポイントを理解していない。ストップ・ロスが執行された結果、1ドルの損失を被ったとしよう。その銘柄が2ドル下落したのならば、それは敗北ではなく勝利である。いかに賢明に負けるかなのである。

　これらの母から得た教訓を読者も身につけてほしい。これらを読者が日常生活で実践してくれれば、母も喜ぶだろう。読者が日々のトレーディングで、これらを実践してくれるだけで私は満足である。もちろん、これらの教訓が私の人生において非常に役立ったことも付け加えておく。そして、読者の人生にも同様に役立つものであることを願う。母に感謝したい。

監訳者あとがき

　本書はオリバー・ベレスとグレッグ・カプラの『TOOLS AND TACTICS FOR THE MASTER DAY TRADER』の翻訳である。ただし、全訳ではなく、前半の部分訳である。原書の主要部分は2部で構成されている。
　第1部は、デイトレーダーとしての心構えを説いたものであり、本書は第1部の全文訳である。
　第2部は第1部を受けて、デイトレーダーとしてのスキルについて記述している。具体的にはテクニカル指標の見方・考え方、および、ストップロス・オーダー等の運用ルールをさらに詳しく紹介している。なかには興味深いスキルの紹介もあるが、（著者自らが述べているように）スキル自体は高度なものではない。例えば、本書207ページに掲載している著者による推薦図書は玉石混交であり、テクニカル分析の教科書・参考書としてあまりお薦めできないものも含まれている。具体的に例示すれば、『Japanese Candle Stick Charting Techniques』は、著者から執筆過程で日本テクニカルアナリスト協会経由で協力要請があり、江田　稔氏、林　則行氏とともに私も協力したが、はっきり言って、その著者は本を書くようなローソク足の知識を持ち合わせてはいなかった。
　本書では第2部を割愛したが、その理由は上記に加えて、第2部で紹介されている事例がすべて米国のもので日本の投資家にはあまり馴染みがないこと、また、すべて翻訳すると大部になることなどの理由による。ご興味がある方は原書に当たられたい。
　本書の内容については読んでいただくしかないが、予想できる批判としては、「具体性に欠ける」というものがあるだろう。その責の半分は、第2部を訳出しなかった監訳者・訳者にある。
　実は具体的でないという批判は、先ごろ私が共訳した『金持ち父

さんの投資ガイド入門編・上級編』(ロバート・キヨサキ他著、筑摩書房)のときにも受けた。そうした批判に対しては、私は以下のようなたとえ話をすることにしている。

受験生にとって一番大事なのは、受験や勉強のスキルを習うことではない。自らの今後の行動を鼓舞するインセンティブである。学ぶ理由を明確に自覚すること、そのほうが後々の学習もはかどるはずである。

本書の特徴を一言で表すとすれば、トレーディングにおいて皆が本当は気づきつつも忘れてしまいがちなことを、表現を変えながら、(これも著者が自ら述べているように) 執拗なほどに繰り返し述べていることであろう。本書を読むことにより迷いの罠から逃れ、より信念を持って取り引きできるようになるはずである。たいていの人は自らの感情の赴くまま、勘に頼って売買し、あるいは、パニックに陥る。本書はそれではいけないことを明瞭に自覚させてくれる。

本書はまた、人生の指南書でもある。個人的には、こういう表現は好きではないのだが、相場の達人はビジネスの達人であり、人生の達人でもある。かつて『相場のこころ』(ロイ・ロングストリート著、東洋経済新報社) を訳したことがあるが、そのあとがきに「相場は人生、人生もまた相場なり」と書いた記憶がある。やはり、相場は社会の縮図であり、人生の比喩であるということなのだろう。本書の校正を手伝ってくれた若き友人は、自分の人生の指針・ヒントとなる部分が多くあり、非常に参考になり、また、心が軽くなったと感想を述べていたが、まさしく、そうした本である。私自身、相場ばかりでなく、人生に悩んだときには本書を再度開くに違いない。

本書もまた、多くの人の協力で出来上がった。私事で恐縮だが、私は、現在、一橋大学大学院国際企業戦略研究科で「短期売買・取引」という講義を担当している。そのなかで本書の考え方を紹介し

た関係もあり、受講生の何人かには編集作業をお手伝いいただいた。一橋大学の大学院生とはいえ、彼らは社会人であり、私の仲間でもある。もちろん、一橋大学の大学院生以外の方々にもお世話になった。名前を列挙させていただく。青木 岳人、今井 隆志、小野 覚、黒沢 萌、野崎 清人、丸山 琢永、矢形 朋由、山藤 享史の各氏に感謝したい。また、日経BP社出版局の西村裕氏には出版に向けてご尽力をいただいた。記して感謝したい。

　本書がマーケット参加者の杖となれば幸いである。

2002年9月26日
石垣港を臨みながら
林 康史

【著者・訳者紹介】

【著 者】
オリバー・ベレス（Oliver Velez）
グレッグ・カプラ（Greg Capra）

トレーダー教育と投資情報提供を手がけるプリスティーン・キャピタル・マネジメント社の共同創業者。同社が運営するWebサイト「Pristine.com」（http://www.pristine.com/）は、バロンズ社により「オンライン・トレーダーのためのNo.1サイト」に選ばれている。購読者に向けてマーケット情報を提供するとともに、両者とも現役のデイトレーダーとしてオンライン市場で日々しのぎを削っており、そのキャリアは10年以上になる。ともに、米国オンライン・トレーディング業界で最も定評のあるスピーカー（講演者）でもある。

【監訳者】
林　康史（はやし　やすし）

立正大学経済学部教授。大阪大学法学部卒、東京大学修士（法学）。クボタ、住友生命、大和投資信託、あおぞら銀行を経て、2005年4月より現職。主な著書・訳書に、『基礎から学ぶデイトレード』、『基礎から学ぶ外国為替相場』、『商品先物の実話と神話』（共訳）、『株式投資』（監訳）、『マネーの公理』（監訳）、『マネーと常識』（監訳）、『バリュー投資』（監訳）、以上、日経BP社。『相場のこころ』（訳）、『欲望と幻想の市場』（訳）、『投資の心理学』（監訳）、『13歳からの投資のすすめ』（共訳）、以上、東洋経済新報社。『冒険投資家ジム・ロジャーズ　世界バイク紀行』（共訳）、『冒険投資家　ジム・ロジャーズ　世界大発見』（共訳）、『ジム・ロジャーズが語る　商品の時代』（共訳）、『人生と投資で成功するために娘に贈る13の言葉』（監訳）、『ジム・ロジャーズ　中国の時代』（共訳）、『ギャンの相場理論』（編著）、『ラリー・ウィリアムズの相場で儲ける法』（共訳）、『はじめてのテクニカル分析』（編著）、以上、日本経済新聞出版社。『天才数学者、株にハマる』（共訳）、『カクテルパーティーの経済学』（監訳）、『統合リスク管理入門　ERMの基礎から実践まで』（監訳）、以上、ダイヤモンド社。『金持ち父さんの投資ガイド入門編・上級編』（共訳）筑摩書房、『伝説の株必勝法「W.D.ギャンの28鉄則」』小学館、『ネゴシエイション──交渉の法文化』（編著）国際書院、『株で大儲けする心理トレーニングブック』（共著）アーク出版、など多数。

【訳 者】
藤野　隆太（ふじの　りゅうた）

フーリハン・ローキー株式会社マネジング・ディレクター。慶應義塾大学経済学部卒。米ジョンズホプキンス大学高等国際問題研究大学院修士（MIPP）。大手金融機関などを経て現職。監訳書に『株式投資』（日経BP社）など。

デイトレード　マーケットで勝ち続けるための発想術
TOOLS AND TACTICS FOR THE MASTER DAY TRADER

2002年10月21日　第1版第1刷
2025年10月3日　　同第44刷

著　者 ─── オリバー・ベレス／グレッグ・カプラ
監　訳 ─── 林　康史
翻　訳 ─── 藤野隆太
装　幀 ─── 守先　正
本文デザイン ─ 渡辺勝利
発行者 ─── 中川ヒロミ
発　行 ─── 株式会社日経BP
発　売 ─── 株式会社日経BPマーケティング
　　　　　　〒105-8308　東京都港区虎ノ門4-3-12
　　　　　　https://www.nikkeibp.co.jp/books/
印刷・製本 ─ 中央精版印刷株式会社

ISBN978-4-8222-4297-8

本書の無断複写・複製（コピー等）は著作権法上の例外を除き、禁じられています。購入者以外の第三者による電子データ化及び電子書籍化は、私的使用を含め一切認められておりません。
本書籍に関するお問い合わせ、ご連絡は下記にて承ります。
https://nkbp.jp/booksQA